आस्था
एक शक्ति

राजकुमार

डायमंड बुक्स

प्रकाशकः डायमंड पॉकेट बुक्स (प्रा.) लि.
X-30, ओखला इंडस्ट्रियल एरिया, फेज-II नई
दिल्ली-110020
फोन : 011-40712200
ई-मेल : sales@dpb.in
वेबसाइट : www.diamondbook.in

ASTHA EK SHAKTI
by : Rajkumar

जय भारत
जय हिमाचल

ईश्वर द्वारा रचित यह सारी सृष्टि बड़ी ही अनुपम, रहस्यमयी व आश्चर्यजनक है। इसी सृष्टि का एक भाग है भारत, इस का कण-कण ईश्वर की महिमा बयान करता है। भारत का एक प्रिय पर्वतीय प्रदेश है 'हिमाचल' इसे देवभूमि भी कहा जाता है। यह प्रदेश पर्वत श्रृंखलाओं, पहाड़ियों और घाटियों का समूह है। यहां गगन को छूने वाली बर्फ से ढकी ऊंची-ऊंची चोटियां है। रावी, व्यास व सतलुज नदियों ने इन श्रेणियों व पर्वतों को काटकर अनेक गहरी घाटियों का निर्माण किया है।

यहां पर अनेक हिमनद व दर्रे हैं। सारे प्रदेश में कृषि व बागवानी होती है। मध्य हिमालय का भाग हरे-भरे वनों से भरा है। यहां के वन व जंगल कई प्रकार की जड़ी-बूटियों से भरपूर है। प्रदेश का महान हिमालय वाला भाग शरद ऋतु में बर्फ से ढके रहते हैं। यमुना नदी उत्तर प्रदेश के उत्तर काशी क्षेत्र के कालिन्द पर्वत के यमुनोत्री नामक स्थान से निकलती है। यह नदी ताजेवाला नामक स्थल पर हिमाचल प्रदेश को छोड़कर हरियाणा राज्य में प्रवेश करती है। सतलुज नदी विश्व प्रसिद्ध मान सरोवर झील से निकलती है। व्यास नदी परिपंजाल श्रृंखला से रोहतांग के समीप व्यास कुंड से निकलती है। व्यास नदी के पानी को सुरंगों और नहर द्वारा ले जाकर सलापड़ नामक स्थान पर सतलुज नदी में डाला गया है। रावी नदी मादल व तन्तगारी नदियों के मिलने से बनती है। चेनाब नदी को बारालाचा दर्रे के विपरीत दिशा से निकलने वाले दो छोटे-छोटे नाले चन्द्रा तथा भागा टांडी नामक स्थल पर मिलकर

बनाते हैं। हिमाचल प्रदेश को ईश्वर द्वारा प्रकृति की अनोखी धरोहर प्राप्त है। यहां निर्मल जल से भरी झीलें अपनी ओर आकर्षित करती है।

निकटवर्ती प्रदेश पंजाब के मैदान की अपेक्षा यहां की जलवायु कठोर है। यहां की शीत ऋतु अति ठण्डी व शीतल तथा वर्षा अधिक मात्रा में होती है। यहां हिमाचल के प्राकृतिक सौन्दर्य व ईश्वर की अनुपम कृपा को बयान करने के लिए मेरी सोच कम है और कलम छोटी है, बस इस ईश्वर की अनुपम कृपा का आनंद लेता रहता हूं। हिमाचल में मैंने घण्टों कई बार झरने के गिरते हुए शीतल जल का अनूठा नजारा देखा है। नदियों की तीव्र गति से बहती जलधाराओं का दिव्य दृश्य देखा है। बर्फ से ढके पहाड़ व चोटियों में बैठकर घण्टों गगन का विराट रूप देखा है। आसमां को छूने वाले ऊंचे-ऊंचे वृक्ष व विशाल जंगलों के बीच कई साहसी व मनमोहक यात्राएं की है। पेड़-पौधे, हरियाली, फल-फूल, पशु-पक्षी, शीतल-शीतल पवन के झोंके, सूर्य, चांद, सितारे, आसमां, धरती, वर्षा की बूंदें, इत्यादि सारा प्राकृतिक सौन्दर्य मुझे ईश्वर की प्रेरणादायक अनुपम कृपा का अहसास करवाता है। ईश्वर ने हमारी सोच से कहीं ज्यादा हमारी झोली भरी है। इसका मुझे गर्व व प्रसन्नता है।

यहीं से मैंने स्वयं को प्रेरणा, साहस, उत्साह, जोश व जज़्बा से भरने के लिए पंक्तियां लिखनी शुरू की। स्वयं से बातें करने में मुझे बड़ा आनंद आया और मैं कई मुश्किलों का सामना हंसते हुए करने लगा। मेरे शुभचिंतकों, प्रियजनों, दोस्तों के प्रेम, प्यार, स्नेह, मार्गदर्शन व आशीष ने मुझे आज इस मुकाम पर पहुंचा दिया है। मैं इस प्रेम के वश में हूं।

—राजकुमार

विषय सूची

आस्था एक शक्ति

न उत्साह

न जोश

मिट गया था

जैसे सब कुछ,

न आशा,

न आस रही

बचा नहीं था

अब कुछ।

लेकिन

यह कैसा

शक्ति संचार हो गया,

हृदय में मेरे

एक

दिव्य प्रकाश हो गया।

क्या जिया

जो

एक पल

सकारात्मक व आस्था से

यह कैसा

जीवन में

चमत्कार हो गया,

मेरे अन्तर में

एक नई ऊर्जा का
विकास हो गया।
अपना हर पल
आस्था के साथ
जी रहा हूं
अपनी शक्तियों को
अब मैं
संजो रहा हूं।
अपनी कमजोरियों
और हीन भावनाओं को
मैं अब
खो रहा हूं,
दोस्तों
मैं दिन-प्रतिदिन
अब नया-नया सा
हो रहा हूं।
अब कुछ भी
असम्भव नहीं लगता है,
ईश्वर की मदद से,
अब सब
सम्भव लगता है।

हर समस्या,
हर रुकावट
मुझे अब
एक नया-सा
अवसर लगता है,

आस्था एक शक्ति

आस्था के साथ
जीना
हर कदम
अपना
श्रेष्ठता की ओर लगता है।
आस्था की
सोच ने आज
कमाल कर दिखाया है,
बेरंग से
मेरे जीवन में
सुनहरा रंग चढ़ाया है।

हीन भावना के
घोर अन्धकार को
हृदय से मिटाया है,
डूबे हुए
अन्तर्गुणों रूपी सोने को
सतह पर लाया है।
आस्था की
सोच ने मुझे आज
मुस्कुराकर
जीना सिखाया है,
मेरे
नरम हृदय में
एक अमिट उत्साह
जगाया है।

अपनी अन्तर्शक्ति को

अब मैं
पहचानने लगा हूं,
मैं हूं कौन
अब यह जानने लगा हूं।
मैं ईश्वर के
चरणों में हूं,
हाथों में हूं।
मैं न पूर्व, न उत्तर,
न पश्चिम,
न दक्षिण में हूं,
मैं सदैव
ईश्वर के संरक्षण में हूं।

आस्था है
एक दिव्य शक्ति
इस रहस्य को
पहचानो,
ईश्वर को
तुम सदा अपना
सच्चा मित्र
जानो।

आस्था एक शक्ति

विश्वास है तो डर नहीं

विश्वास है
तो डर नहीं,
यहां डर का
कोई घर नहीं।
विश्वास है
तो चिन्ता नहीं,
चिंता से
कुछ भी होगा
हासिल नहीं।

विश्वास है
तो एक सकारात्मक ऊर्जा है,
विश्वास है
तो जीवन में
अनुशासन व
संयम का दर्जा है।
विश्वास है
तो जीवन में
सिर्फ श्रेष्ठ कर्म है,
कर्म ही तो
परिवर्तन का
सही मर्म है।

समस्याएं व रुकावटें भी
क्या होगी सोचती
विश्वास का
तो रंग ही निराला है,
यह विश्वास
अब सभी
हीन –भावनाओं को
हराने वाला है।
यह विश्वास
दृढ़ निश्चय व आत्मविश्वासी
बनाने वाला है,
समस्या बोलती है
यह मेरा सामना करने वाला
कैसा निश्चिंत व मुस्कुराने वाला है।
हो विश्वास
अन्तर्ात्मा में अगर
एक अलग ही
नजरिया होता है,
उस व्यक्ति
के लिए रुकावटें
अपनी प्रतिभा का
इम्तिहान होता है।

आस्था एक शक्ति

हो विश्वास तो इंसान हमेशा
एक दिव्य शक्ति से
भरा होता है,
समस्या
तो क्या है उसके लिए
सिर्फ
आगे बढ़ने का
जरिया होता है।

इस विश्वास शक्ति का
कोई विकल्प नहीं,
दोस्तों
विश्वास है
तो डर नहीं।

प्रेम मार्ग

कड़वे तीखे व
विषैले व्यंग्य
सुनाने वाले को
शत्रु मत जान
यह स्वयं
एक प्रेरक समान है,
तेरी नम्रता,
तेरे प्रेम व धीरज का
आज
इम्तिहान है।
जान ले आज
अपने और ईश्वर के
दिव्य प्रेम की
गहराई को,
तू धीरज का हाथ
कभी मत छोड़ना,
यह क्रोधी व्यक्ति
तो एक
सुनहरा जरिया है,
प्यारे
तू ईश्वर पर
आस्था

कभी मत छोड़ना।

जो सदैव
ईश्वर के संरक्षण में
रहते हैं,
वह एक नई ऊर्जा व
शक्ति से
भरे रहते हैं।
आस्था के साथ
तू जीना
अपना जीवन
यह तो
उस व्यक्ति का
अपना ही कर्म है,
ईश्वर है
अगर तुझको पाना
तो प्रेम मार्ग ही
इसका
सही मर्म है।

सकारात्मक सोच

विश्वास से
पहाड़-सी रुकावट भी हिल जाती है,
सकारात्मक सोच से
अग्नि में भी
राह मिल जाती है।

ईश्वर की कृपा
और
उस अविनाशी शक्ति पर
विश्वास कर लो,
देना चाहता है
हमें बहुत कुछ
अपना बर्तन तो
सीधा कर लो।

सकारात्मक व्यक्तित्व
और
दृढ़ संकल्पी के आगे
पहाड़ भी चीर जायेगा,
देगा उसे राह
और
स्वयं नतमस्तक हो जाएगा।

आस्था एक शक्ति

समस्या से
पूछो तुम
तब क्या हाल होता है,
सकारात्मक व्यक्ति का
रूप जब
विकराल होता है।
हर समस्या
अपना दम यहां
तोड़ देती है,
सकारात्मक सोच
इतना शक्ति से
भर देती है।

क्रोध का अभिषेक

क्रोध का वेग
बड़ा ही ज्वलनशील व गर्म है
इसे ठण्डा व काबू
करने का
यही मर्म है।
ठण्डा करो इतना
कि यह
बर्फीली चट्टान की तरह
जम जाये,
फिर भड़के कभी
क्रोध अग्नि
तो वही पिघल कर
बह जाये।

क्रोध के समक्ष
विवेक ही
हमारा खो जाएं,
दोस्तों
कुछ तो कम है
हममें क्षमताएं।
हमारी
कमजोरी व आदतों की

धाराएं,
क्रोध सागर को
निरन्तर भरते जाएं।

इन बेरोक
बढ़ती धाराओं को
वही सुखाना होगा,
जहां से
इस ज्वलनशील लावे का
उद्धम होगा।
मस्तिष्क में
विशाल एक प्रेम बांध
बनाना होगा,
खुद को
एक सुनामी की तबाही से
बचाना होगा।

क्रोध अग्नि से
अब अपना
अन्तर नहीं जलाना है,
गलती मत करो,
जरा ठहरो,
हमें मिलकर रहना है।
क्रोध से
अब हमें
मानसिक व शारीरिक
कष्ट नहीं सहना है,

मूर्ख मत बनो,
यह वाक्य
स्वयं से कहना है।

नित करो संवाद
उस अविनाशी ईश्वर से,
रखो याद ईश्वर
जो है
प्रेम के वश में।

कहो खुद से
कटु वचन अब नहीं
कहना है,
इस सृष्टि में
हम सभी को
प्रेम से रहना है।
आए कभी
जब तुम्हें क्रोध,
तो तुम
इस तथ्य का
रखना बोध।
मुंह में दांतों को
मत पिसना,
हाथों की ऊंगलियों को
मत भींचना।
जीवन धारा को
तेजाब से मत सिंचना,

मधुर सम्बन्धों के
बीच में
तनाव की रेखायें
मत खिंचना।

शांति से
दूसरों की बात भी
सुना करो,
मुख की ध्वनि को
थोड़ा-सा
धीमा करो।
किसी कसौटी पर
जल्दी ही
नहीं पहुंचा करो,
निर्णय को
ईश्वर के लिए भी
छोड़ा करो।

नित करो
प्रार्थना ईश्वर के आगे,
ईश्वर से
सिर्फ ईश्वर ही मांगे।
प्रभु
मेरे अन्तर में
एक ऐसी ऊर्जा जागे,
क्रोध विचार
मेरे मस्तिष्क से भागे।

ईश्वर से
हमें आशीष मिले,
प्यार मिले और
मिल जाये विवेक,
अपने हृदय के
अमिट प्रेम से
सदैव करे
क्रोध का अभिषेक।

आस्था एक शक्ति

आस्था की चोट

असल सूरत
छिप न सके
उतर जाते हैं
सारे झूठे आवरण,
ऐसा
हमारे हृदय में
ईश्वर ने
लगा रखा है
एक दिव्य दर्पण।
हृदय से,
आत्मा से
किया पूर्ण समर्पण,
कहो
ईश्वर के
चरणों में
मेरी सारी कमजोरियां अर्पण।

ईश्वर के
कार्यों में
अवरोध बनाना छोड़ दो,
निर्णय को
ईश्वर की

इच्छा पर छोड़ दो।
अपने शुभकर्मों से
रुकावटों का चक्रव्यूह
तोड़ दो,
आस्था की
निरन्तर चोट से
हृदयकपाट खोल दो।
अपने
श्रेष्ठ कर्मों से
अस्तित्व ही
बदल जाएगा,
एक दृढ़ संकल्पी व
सकारात्मक
व्यक्तित्व बन जाएगा।
फिर
खुशी, हंसी व आनंद
का माहौल होएगा,
मैं हूं
ईश्वर के संरक्षण में
यह भाव
उभर आएगा।

आस्था से,
प्रार्थना से
कार्य की क्षमता
बढ़ जाएगी,
कार्य को
एक नई गति

आस्था एक शक्ति

मिल जाएगी।
समस्या
स्वयं ही
अपना सिर झुकाएगी,
एक
दृढ़ संकल्पी व
आत्मविश्वासी के लिए
स्वयं मार्ग बनाएगी।
और
मुकाबले से भी
बहुत घबराएगी,
कल तक
जो रुकावट
थी हमारी शत्रु
मित्र बन जाएगी।

दिल से,
मस्तिष्क से
आत्मा से व
सकारात्मक विचारों से
विश्वास करें,
अपनी कमजोरियों को
कचरे के डिब्बे में धरें।
इन कमजोरियों के
बोझ से
न थके और न रुकें।
कोई भी
आदत व कमजोरी

इतनी पक्की नहीं
जिसे हम
बदल न सकें।
कमजोर आदतों से
सुख व समृद्धि
मिटते हुए देखा है,
कमजोरी को
शक्ति बनते भी
देखा है।
क्रोध अग्नि में
अपने अन्तर को
राख करते हुए देखा है।
क्या चीज है
'यह क्रोध'
इसको भी
काबू होते देखा है।

हीन भावना से
ऊपर उठ जाना है,
मस्तिष्क से
हर सन्देह मिटाना है।
अपने कार्य व
जिम्मेदारी को
आस्था से अपनाना है,
हर कमजोरी को
अपनी शक्ति
बनाना है।

आस्था एक शक्ति

फिर
आंसुओं की जगह
चेहरे पर
मुस्कान होगी,
निराशा की जगह
दिल में
आशा होगी।
भ्रांति की जगह
मन में
शान्ति होगी,
असफलता की जगह
जीवन में
सफलता होगी।

निरन्तर प्रयासों से
हर समाधान
मिल ही जाता है,
अटूट आस्था से
भगवान भी
मिल जाता है।
हां, दोस्तों
सकारात्मक विचारों से
चरित्र बदल जाता है,
आस्था की
निरन्तर चोट से
अस्तित्व बदल जाता है।

सकारात्मक नजरिया

सकारात्मक नजरिये में
एक ऐसी
ऊर्जा रहेगी,
इसकी उड़ान
सदैव ऊंचाईयों की ओर रहेगी।
दोस्तों
बाधाएं तो
इस जीवन में
आती व जाती रहेगी,
सच पूछे तो
हमारी क्षमताओं को
बढ़ाती रहेगी।

उस व्यक्ति के समक्ष
समस्या स्वयं
नतमस्तक रहेगी,
जिस हृदय में
विराजमान आस्था रहेगी।
वहां आनन्द,
खुशी, शान्ति व हंसी
ही रहेगी,
नकारात्मकता, पराजय

असफलता व निराशा
नहीं रहेगी।
ज़िंदगी समस्याओं से
भरी पड़ी है,
माना कि किसी
दोराहे पर खड़ी है।
देखो तो
अपना ही आसमान
और अपनी
ही जमीं है,
सफल व्यक्ति
कहते हैं
बताओ, समाधानों की कहां कमी है।

अपना ही कार्य यह तय करेगा,
अपना ही नज़रिया
सब कुछ तय करेगा।
इंसान
स्वयं कब तक
यूं ही भटका रहेगा,
इन कंटीली समस्याओं के
ताने-बाने में
उलझा रहेगा।

हार से कभी
प्रतिभाएं कम नहीं होती,
करने दो आलोचनाएं,

इनमें कभी
शक्ति नहीं होती।
हार तो
एक सबक है,
सबक लेने वालों की
कभी हार नहीं होती,
उठ चल अब,
कोशिश करने वालों
के लिए मंजिल दूर नहीं होती।

सुनो
हारने वाला कभी
किसी से कम नहीं होगा,
वह भी
आत्मविश्वास से सदैव
परिपूर्ण होगा।
वह वही है
जो अगली बार
शिखर पर खड़ा होगा,
हम सब का
अगला विजेता होगा।

शर्त
सिर्फ इतनी
नजरिया सकारात्मक हो,
हृदय में
भरी अटूट आस्था हो।

आस्था एक शक्ति

फिर देखना
खुशी, आनन्द व समृद्धि
के रंग होंगे,
दोस्तों
सकारात्मक नजरिये से
ऐसे आयाम हासिल होंगे।
सकारात्मक
नजरिये से जीवन में
कई बदलाव होंगे,
यकीन करें
हमें अवश्य
अद्भुत परिणाम प्राप्त होंगे।

प्रेरणा के रंग

अपने सपनों को
आसमां से
उतारने के लिए,
अपने सपनों को
जीवंत रूप
देने के लिए,
अपने सपनों को
हासिल
करने के लिए,
अपने सपनों को
वास्तविकता में
लाने के लिए।

वर्षों हम
फरियाद करते हैं,
वर्षों हम
इन्तजार करते हैं।
माना कि
हम सपनों से
बहुत प्यार करते हैं,
लेकिन
कोशिश ही तो है

आस्था एक शक्ति

जो हम
कभी नहीं करते हैं।

सपनों को नित्य
देखा करते हैं,
और
अपने सपनों की
सिर्फ चर्चा करते हैं।
विश्वास
जितना ज्यादा पक्का होगा,
नकारात्मकता को
यह एक धक्का होगा।
अपना कार्य व
व्यवहार तभी जिम्मेदारी पूर्ण होगा,
जब अपना
सम्पूर्ण नजरिया
बिल्कुल सकारात्मक होगा।
सफलता के जिज्ञासु
गलतियों से भी
प्रेरणा लेते हैं,
हो समस्या से सामना
तो उसका भी
आनंद लेते हैं।
प्रेरणा के
शक्तिशाली व सुनहरे रंग से
जीवन रंग लेते हैं,
अपने हृदय को इतना अटूट विश्वास से
भर लेते हैं।

प्रेरणा में
आस्था की शक्ति है,
प्रेरणा एक
ईश्वर की युक्ति है।
प्रेरणा नित्य
चमत्कार करती है,
प्रेरणा है वही
जो कार्य में
गतिशीलता भरती है।
प्रेरणा से
मन में जोश, जज़्बा व
लगन भर जाती है,
प्रेरणा है वो
जो मन से हीन भाव व
सन्देह मिटाती है।
प्रेरणा से
गुण व प्रतिभाएं
जागृत हो जाती है,
प्रेरणा से
नई दिशा व
नई उपलब्धियां मिल जाती है।

दोस्तों,
यकीन करें
प्रेरणा
इंसान की भक्ति
बन जाती है,

प्रेरणा
इंसान की शक्ति
बन जाती है।
प्रेरणा ही है
जिससे इंसान की
ज़िंदगी
बदल जाती है।
सपनों की रूपरेखा
एक हक़ीक़त
बन जाती है।
ऐसे व्यक्तियों की
सफलता
दूसरों के लिए
प्रेरक बन जाती है।
दोस्तों,
प्रेरणा के रंग से
हर मंज़िल
मिल जाती है।

आत्मसम्मान की रोशनी

आत्मसम्मान की रोशनी
अन्तर में अपने
जो जागृत हो जाएगी,
हृदय से
हर हीन भावना
स्वयं ही निकल जाएगी।
यह रोशनी
एक ऐसा अद्भुत-सा
परिवर्तन लाएगी,
सम्पूर्ण जीवन में
जादुई प्रभाव कर जाएगी।

अपनी योग्यताएं
भी बढ़ जाएगी,
अपनी कार्य क्षमताएं
भी बढ़ जाएगी।
हमारी उपलब्धियां व भूमिकाएं
भी बढ़ जाएगी,
आत्मविश्वास की
शक्ति भी बढ़ जाएगी।

आस्था एक शक्ति

स्वयं के बारे में
है जो हमारी सोच,
उस सोच के
बारे में भी जरा सोच।
अपने बारे में
जो है हमारी सोच,
बता रहा हूं यही ज्ञान,
वही सोच तो
है हमारा आत्मसम्मान।
सृष्टि का
एक सत्य और लो जान,
इस तथ्य से
सभी को होगा अभिज्ञान।
उसी व्यक्ति का
पैदा होता है स्वाभिमान,
जो खुद को
मानने लगेगा मूल्यवान।

आत्मसम्मान
हमारे अन्तर में एक
ऐसा परिवर्तन लाएगी,
हमारे गुणों में
हीरे-सी चमक
निखर जाएगी।
जिसकी सोच

सकारात्मक व आत्मप्रेरित
हो जाएगी,
वही व्यक्तित्व व सोच
सफल, सुखद व
समृद्धि को पाएगी।

आत्म-सम्मानपूर्ण व्यक्ति
महत्त्वाकांक्षी व संवेदनशील
है होते,
ऐसे व्यक्ति
सदैव गतिशील हैं रहते।
आत्मसम्मान से
आशावादी नजरिया
है बेहतर रिश्ते,
न जाने कितने
ऐसे बदलाव है हमें दिखते।
आत्मसम्मानी
तैयार है जिम्मेदारियां
कबूलने को
नई चुनौतियां व
नए अवसर चुनने को।
आत्मसम्मानी
स्वीकार करते हैं
प्रशंसा से ज्यादा आलोचनाओं को,
ऐसे व्यक्ति

आस्था एक शक्ति

महत्त्व हैं देते
स्वयं में आश्चर्यजनक
बदलाव को।

जो अपनी
बुराई को हरने लगे हैं,
जो अब
अच्छाई को समझने लगे हैं।
स्वयं का अब
सम्मान करने लगे हैं,
वास्तव में
वही आत्मसम्मान पर
अमल करने लगे हैं।

हमारा लक्ष्य

अपने
आत्मविश्वास को अपनी
शक्ति बनाते जाए,
ज़िंदगी के
रास्तों में
उमंग के साथ बढ़ते जाए।
दृढ़ निश्चय व सकारात्मक
से
अपना कार्य करते जाए,
कदम
हमेशा रखे आगे
आंखें लक्ष्य पर जमाए।

लक्ष्य पर ध्यान
केन्द्रित कर नहीं पाएंगे,
बोलो, फिर
मंजिल को हम
कैसे पाएंगे।
जब हम
अपना कोई लक्ष्य ही
नहीं बनायेंगे,
तो बताओ, मेरे दोस्तों

आस्था एक शक्ति

हम कदम
किस दिशा में उठाएंगे।

अपने जीवन से
कर रहे
बस एक यही खता है,
गतिशील तो है हम
मंजिल का
क्या हमें पता है।
माना कि इंसान
कई प्रतिभाओं व क्षमताओं से
भरा रहता है,
लेकिन
लक्ष्य पर हो
नजरें अगर
ज्ञान तभी सहायता करता है।

लक्ष्य पर ध्यान
केन्द्रित करके जो
एक कदम भी है चला,
खुद को
उसने लक्ष्य के
कुछ नजदीक तो है करा।
लक्ष्य पर एकाग्रता
नहीं है कोई बला,
मेरी सुनो,
मेरे दोस्तों,

यह है एक अद्भुत कला।

बाधाएं
उनकी हिम्मत
कभी भी तोड़ती नहीं,
जिनकी
लक्ष्य पर से नजरें
हटती ही नहीं।
मुश्किल है लक्ष्य
लेकिन नामुमकिन नहीं,
क्या हम
अपने जीवन के एक
है अर्जुन नहीं।
लक्ष्य की तरफ
जो एकाग्रता से
देख रहे हैं,
वही व्यक्ति तो
कामयाब हो रहे हैं।
अगर है भेदना
लक्ष्य को
तो लगाओ एकाग्रता की ताकत,
दोनों हाथ फैलाए
सफलता
स्वयं करेगी
आपका स्वागत।

सुखी परिवार

हमारा मस्तिष्क है
हमारी
ज़िंदगी का चालक,
मस्तिष्क से
निकले
हर विचार नकारात्मक।
नजरिया हो पवित्र
और
पूर्ण सकारात्मक,
उसका ही
वैवाहिक संबंध है
स्वस्थ और रचनात्मक।

ईंटों, पत्थरों व गारे से
दीवारें व मकान
ही बनते हैं,
पत्नी, बच्चों व बुजुर्गों से
हमारे घर-संसार
बनते हैं।
वह दंपती
दुःख व मुश्किलों को
सदा हरा देते हैं,

जो हर
परिस्थिति में एक-दूसरे का
सहारा बनते हैं।

जहां आपस में टकराव,
तनाव की छाया
न होगी,
वह है
एक सुखी परिवार
जहां कलयुगी
माया न होगी।
पवित्र व ऊंची सोचनी
जिस मस्तिष्क में होगी,
है वहीं पर
कल्याण और खुशी
की रोशनी होगी।

सुखी, स्वस्थ व मिलजुल कर
जो परिवार सदा रहेगा,
वो इंसान
हर क्षेत्र में कामयाब रहेगा।
जिस घर में
ईश्वर का शब्द
गूंजता ही रहेगा,
उसी परिवार में
सच्चा प्रेम व स्नेह
हमें मिलेगा।

आस्था एक शक्ति

अवांछित तनाव

रुको, ठहरो।
आसमां में लालबत्ती है जली,
यह कैसी मन में
मची हुई है खलबली।

मस्तिष्क में
भरा क्यों इतना सारा
दबाव है,
इतने दबाव में
जीना बड़ा
खतरनाक व खराब है।
हृदय में
दु:ख, तकलीफें व दर्द के
बड़े गहरे घाव हैं,
दुनिया में भरा हुआ
'हाय' कितना सारा
तनाव है।

इंसान
संस्कार, गुण, विवेक,
अवसर व हर सौगात
खो रहा है,

सब कुछ
जो ईश्वर से है प्राप्त।
चारों तरफ
यह तनाव अग्नि
जो है व्याप्त,
मानव का
सारा जीवन यूं ही समाप्त।

यह तनाव
हमारे विचारों में व आंखों में
है दिखता,
यह तनाव
हमारी बातचीत व रहन-सहन
से है झलकता।
मस्तिष्क में
करें आवागमन
रोके से कभी नहीं रुकता,
यह तनाव
कितना है प्रबल
हमारे चेहरे से है टपकता।

यह तनाव
कई गम्भीर रोगों में
बदल जाता है,
यह तनाव
हमारे समाज में
बड़ा बुरा प्रभाव डालता है।

आस्था एक शक्ति

खुशी, उत्सव में भी
यह आतंक
खूब मचाता है,
यह तनाव
मानव के हर कार्य में
नजर आता है।

इस तनाव के
बुखार का जो
हो गया है शिकार,
अगले दिन कार्य में
वो कहां है
स्वस्थ लौटने को तैयार।
तनाव की
बदबूदार हवाओं में
बड़ा दम घुटता है यार,
तनाव रहित इंसान
सदैव है तरोताजा
सुनो राजकुमार।

जहां पर न चिंता,
न कोई डर,
आत्मविश्वास सुमन का
हो माली,
वही व्यक्ति
असल में है
एक सौभाग्यशाली।

जीवन है वरदान
उसके लिए
नहीं कोई गाली,
जो इंसान
अवांछित तनाव से
रहेगा हमेशा खाली।

खुशी, आनंद व संतोष
ही जीवन है
सत्यधाम,
है तनाव
दूर से ही तुझको
मेरा है प्रणाम।
एक नई स्फूर्ति व
दिव्य ऊर्जा के साथ
शुरू करें
हर काम,
मिलेंगे
सुखद, सफल, समृद्ध,
श्रेष्ठ व अनूठे परिणाम।

माना कि
तनाव से सहज
ज़िंदगी की गाड़ी नहीं चलती है,
क्योंकि रेत पर
उन्नति की रेखाएं
कभी नहीं खिंचती है।
आत्मविश्वास के आगे
तनाव की आंधी
थम जाती है,
विजेता वही टीम
जो तनाव से
मुकाबला करना जानती है।

हमारी समस्याएं

क्रोध, अग्नि, ईर्ष्या
और हीन भावनाएं,
असफलता का डर
है हमारी समस्याएं।
बढ़ता तनाव, निराशा
और व्यर्थ व्यस्तताएं,
चिंता की आदत
है हमारी समस्याएं।

दुःख, क्लेश, सन्देह
और बढ़ती इच्छाएं,
आत्मविश्वास की कमी
है हमारी समस्याएं।
आलस्य, निर्धनता का
डर और मूर्खताएं,
अपनी कमजोरियां ही
है हमारी समस्याएं।

आस्था एक शक्ति

लोभ, अहंकार, निन्दा
और झूठी भूमिकाएं,
मिथ्या विचार व व्यवहार
है हमारी समस्याएं।
ईश्वर से बढ़ती दूरियां
और नहीं रही पवित्राएं,
ईश्वर पर आस्था की कमी
है हमारी समस्याएं।

यह रहस्यमय शक्ति

मस्तिष्क से
निकले कितने ही
आविष्कार है,
मस्तिष्क में
छिपे न जाने कितने ही
चमत्कार है।
भविष्य का पूर्वज्ञान
व हर समस्या का
समाधान है,
मानव में
ऐसा अद्भुत
रहस्यमय शक्ति भण्डार है।

रहस्यमय शक्ति के
आवागमन में अवरोध
न समय, न दूरी के,
है यह शक्ति
व्याप्त
पूरी ही सृष्टि में।
अभिज्ञान
हो सकता है हमें
ईश्वर के
निरन्तर ध्यान में,
ईश्वर का सारा

शक्ति भण्डार
मानव की अतीन्द्रिय दृष्टि में।

मानव के भीतर
देखो एक
विराट-सी क्षमता है,
लग जाए अगर
ध्यान तो
उसे भगवान दिखता है।
अधिक प्रभावी व
सशक्त ज़िंदगी में
मददगार है,
ऐसी क्षमता
जो भीतर है हमारे
यही तो
ईश्वर का चमत्कार है।

हमारी जरूरत का
ईश्वर ने हमारे भीतर
रखा हर सामान,
मस्तिष्क के
इस रहस्य को व
शब्द ध्वनि को पहचान।
ईश्वर से करो
नित्य संवाद,
ईश्वर से मांगो
हर समाधान,
यह रहस्यमय शक्ति
इसी तथ्य का है
सही-सही प्रमाण।

हमारा यह डर

दुनिया में
मानव ने हर
मुकाम प्राप्त किया है,
इस धरती से
चांद तक
रास्ता खोज लिया है।
एक पहलू
फिर भी ऐसा
जिसे नहीं छुआ है,
चिंता व डर
पर दक्षता
हासिल नहीं किया है।

मानव
ईश्वर की मदद से
हर कार्य
कर सकता है,
इस डर का
ज़रूर सामना
कर सकता है।
इस डर का भी सिर सदैव
झुका सकता है,

आस्था एक शक्ति

डर के ऊपर
अपनी विजय
प्राप्त कर सकता है।

इस डर पर
अब और समय न
बर्बाद करें,
अपनी ऊर्जा
इस डर में यूं ही न
खराब करें।
बस
अपने अन्तर में
इतना ही बदलाव करें,
हृदय में
ईश्वर के प्रति
आस्था का विकास करें।

न गवाएं
अवसर कभी,
हो जाओ न लाचार
डर के कारण,
होते हैं हम कितने
रोगों का शिकार।
ईश्वर ने
है दिया हमें
आस्था व प्रेम का उपहार,
डर का

स्वस्थ प्रयोग करने को
हो जाओ तैयार।

नकारात्मकता
की जगह पर
सकारात्मकता लाइए,
यह डर है क्या
अपनी उपयोगिताओं को बढ़ाएं,
डर व दुविधा से
ऊंचे विचार
मस्तिष्क में चाहिए।
अटूट आत्मविश्वास
स्वयं पर सदैव
होना चाहिए।

सकारात्मक सोच का
जादुई असर
अगर हो जाएगा,
डर है क्या
यह आपका
पक्का मित्र बन जाएगा।
आपकी सफलता में
यह मित्र
भूमिका खूब निभाएगा,
जीवन में
समृद्धि के रंग
चारों दिशाओं में फैलाएगा।

आस्था एक शक्ति

हमारे जीवन मूल्य

तेरे जन्म की
बड़ी उम्मीदों से
मां-बाप प्रतीक्षा करते रहे,
तेरी नन्हीं मुस्कान का
सोच-सोचकर
भविष्य का सपना
संजोते रहे।
जब आये हम
इस संसार में
तो चीख-चीख कर रोते रहे,
सारा परिवार व रिश्तेदार
खुशी व उमंग में
झूमते रहे।

दोस्तों,
जब जाये हम
इस संसार से
तो खुशी व आनंद से भरें,
हर इंसान सदैव
हमारे जीवन मूल्यों, कार्यों व
व्यवहार को याद करें।
जीवन में

अपने जीवन-मूल्यों की
बुनियाद
सदा मजबूत करते रहें,
ऐसे सफल, सुखद,
समृद्ध, श्रेष्ठ व सकारात्मक
कार्य करें।

सफलता के
शिखर पर बैठे
जो सदैव ज़मीं से जुड़े रहें,
ऐसे मूल्यों का
जीवन जीने वाला
व्यक्ति कभी
मरकर भी नहीं मरें।
दोस्तों,
उनका नाम व श्रेष्ठ कार्य
सदा अमर रहे,
ऐसे व्यक्तित्व
जो उच्च जीवन मूल्यों पर
सदा अडिग रहे।

नाराज हो अगर
हम से कोई
गले फिर भी लगाएंगे,
बांटेंगे हमेशा
खुशी, हंसी व आनंद,
पवित्र जीवन जीते जाएंगे।

आस्था एक शक्ति

निकालेंगे नफरत
हर हृदय से हम
वहां अपनी तस्वीर लगाएंगे,
रोएंगे,
याद करेंगे सभी
जब हम
इस संसार से चले जाएंगे।

अब एक
छोटा-सा कार्य करें
ईश्वर के लिए,
कोई इल्जाम
किसी पर मत लगाओ
अपने विषैले अतीत के लिए।
दोस्त,
अपने सपनों को
वास्तविकता में लाने के लिए,
तय करें
अपने जीवन-मूल्य व जिम्मेदारियां
एक उज्जवल भविष्य के लिए।

यह अपनी आदतें

कंटीली परिस्थितियों का
ताना-बाना
बल से न खींचे,
जब तुम्हें
मुश्किल स्थिति
सामने रास्ता स्पष्ट न दिखे।
तब बदले
अपनी बुरी आदतें,
आस्था से जीना सीखें,
दृढ़ निश्चय व आत्मविश्वास द्वारा
जीवनधरा को सींचे।

बीज में
विशाल वृक्ष है छुपा
यह तथ्य लो जान,
हर सवाल में
होता है निहित
उसका निदान।
हे मानव,
इस महीन सत्य को
लो पहचान,
समस्या के

भीतर ही है होता
उसका समाधान।

यह
शराब की आदत
कितनों की नौकरी व परिवार
पी गई,
न जाने
कितने बाल-बच्चों के
जीवन में
तांडव कर गई।

यह
क्रोध अग्नि
प्रत्येक व्यक्ति को
अन्तर से राख कर गई,
क्षण भर का
यह है आंधी-तूफान
जो खुशी को
अस्तव्यस्त कर गई।

झूठे
विषय-विकारों में
यूं ही अपना जीवन सदैव
गंवाते जाते हैं,
बुरी आदतें
है एक दलदल

जिस में
धीरे-धीरे धंसते जाते हैं।
मानव
जो विचार
संस्कार व आदतें
हम दोहराते जाते हैं,
इस तरह
हम एक नई आदत को पक्का
बनाते जाते हैं।

जो अपनी आदतों को
स्वयं बदलकर
अपना जीवन संवार रहा है,
वास्तव में
वही व्यक्ति
अपनी सम्पूर्ण जिम्मेदारियां
निभा रहा है।
हमारा
अवचेतन मन
एक सफल व सुखद
समाधान सुझा रहा है,
सुनो दोस्तो,
हमारी अन्तरात्मा
एक दिव्यशक्ति का
अहसास करवा रहा है।

आस्था एक शक्ति

जीवन में
कुछ तो प्रयास
हमें करने ही होंगे,
कड़वे घूंट
दवा के
ठीक होने के लिए
पीने ही होंगे।
बदलनी है आदतें
तो अपने विचार
बदलने होंगे,
ईश्वर पर आस्था
ईश्वर से प्रार्थना व संवाद
करने होंगे।

हमारी अन्तर्शक्ति

विश्वास रोशनी
अन्तर में नहीं जगी
वही दु:खी रहे,
वह सुखी
जो ईश्वर में
नित्य भरोसा करें।
अपने हृदय में
ईश्वरीय ऊर्जा को
भरते रहे,
ईश्वर का हाथ
थामे जीवन में
निडर चलते रहे।

मानव दिखता बलवान
लेकिन मन से
बड़ा बीमार है,
क्रोध, अहंकार
जैसे विषैले विकारों का
शिकार है।
शक्ति का
हर इंसान में
असीमित भण्डार है,
परन्तु

आस्था एक शक्ति

विकारों के कारण
यह बड़ा
कमज़ोर व लाचार है।

ज़िंदगी में
हर कमजोरी से हम
उभर सकते हैं,
सच्ची व स्थायी खुशी से हम जीवन को
भर सकते हैं।
अपने अन्तर में
हर आत्मा
उस शब्दशक्ति को
सुन सकती है,
यह अन्तर्शक्ति
हर समस्या को
परास्त कर सकती है।

ईश्वर स्वयं ही
हमारी समस्याओं को
सुलझा रहा है,
हमारे सपनों से
ज्यादा समृद्धि
हमें दिला रहा है,
हमारे हृदय में
एक दिव्य ऊर्जा को
जगा रहा है,
हमें सदा के लिए
निर्बल से
बलवान बना रहा है।

यह खुशी

दोस्त,
दैनिक भागदौड़
के साथ जीवन हम
जीते जा रहे हैं,
अपनाई है क्या आदतें
अपना ही चरित्र
स्वयं गिरा रहे हैं।
खुशी को
हम सभी न जाने
क्यों भुला रहे हैं,
छोटी-छोटी
खुशियों के अवसर
यूं ही गंवाते जा रहे हैं।

बाहर संसार में
खोजते रहते हैं हम
यह खुशी,
वास्तविक में
एक मानसिक अवस्था
है यह खुशी।
समस्याएं तो
आती व जाती रहेगी,

आस्था एक शक्ति

मत गुजर तू
होके दुःखी
प्रयास करो दोस्त
समस्याओं के समाधानों से
मिलती है खुशी।

व्यर्थ के
कार्य में सदा
हमारी रहती व्यस्तता है,
लेकिन,
हमारे पास
खुशी चुनने की भी
पूर्ण स्वतन्त्रता है।
यह खुशी
ईश्वर का दिया
एक अनुपम तोहफा है,
जिसे आज तक
हमने खोलकर
नहीं देखा है।

अगर चाहो तुम
तो हर चीज व कार्य में
है छिपी
ईश्वर की
दिव्यवाणी व भजन में
है छिपी।
देखो,

एक छोटे से
नन्हें बच्चे के हर अंदाज में
होती है खुशी।
दोस्त,
अगर चयन ही
कभी करना पड़े तो
चयन करे खुशी।

अपने अमूल्य समय को
व्यर्थ की अपनी गतिविधियों से बचाना है,
फिर ईश्वर,
परिवार व बच्चों में
इस समय को
लगाना है।
कोई भी करें कार्य
हमें हृदय को
ऐसा बनाना है,
हर कार्य की
पूरी विधि का
पूर्ण लुत्फ़ उठाना है।

हमारा यह अतीत

अतीत की
कितनी ही
कड़वी व विषैली यादें हो,
दोस्तों,
गुजर चुका है
यह अतीत
चाहे जैसा भी हो।
डूबे हुए क्यों
अतीत में
वर्तमान को खराब करते हो,
बदलने का
निरर्थक प्रयास क्यों
जो लम्हा बीत चुका हो।

अतीत के
अन्धकार में हम
निराशावादी हो सकते हैं,
सफलता के
श्रेष्ठ अवसर हमारे हाथों से
निकल सकते हैं।
अतीत में
घिरे हुए हम

बदलाव नहीं कर सकते हैं,
वर्तमान प्रकाश में
रहकर ही हम
प्रभाव कम कर सकते हैं।

सफल परिणामों के लिए
अपने वर्तमान में
ध्यान केन्द्रित करना होगा,
मिलेंगे तभी
तुम्हें श्रेष्ठ परिणाम
पूरा समर्पण करना होगा।
अब तुम्हें अटूट
एकाग्रता व आत्मविश्वास से
हर कार्य करना होगा,
एक बेहतर वर्तमान द्वारा
एक अच्छे अतीत व भविष्य का
निर्माण करना होगा।

अब यह उम्मीद
कि हम बुरे निर्णय
न कभी करें,
निरर्थक, निष्फल व अशिष्ट कार्य
कभी न करें।
परिवर्तन का
एक ऐसा जीवन में
दृढ़ संकल्प करें,
अतीत के
कंटीले अनुभवों को

आस्था एक शक्ति

फिर न कभी दोहराया करें।

वर्तमान का
अगर सफ़र बेहतर
दिशा सही होगी,
अतीत की यादें
उतनी ही मीठी व
सुहानी होंगी।
वर्तमान के
कार्यों व प्रयासों में
अगर शक्ति होगी,
तो देखना
अतीत की यादों से
गर्व की अनुभूति होगी।

समय की
अमूल्य बूंदें व अवसर
यूं ही न गंवाए,
अपनी सकारात्मक ऊर्जा
समेट कर सदैव
आगे बढ़ते जाए।
लगाओ एक ऊंची छलांग
बाधाओं को
पीछे छोड़ते जाए।
दोस्त, चुनो
नई दिशा व नई चुनौतियां
जीवन
सुखद, सफल व आनन्दित बनाएं।

इंसान है तू
कोई कठोर चट्टान तो नहीं
जो अपनी
मंजिल की तरफ
हिल सकता भी नहीं।
एक नई शुरुआत
मुश्किल है
लेकिन नामुमकिन नहीं,
पूर्ण एकाग्रता व
समर्पण हो तो दोस्त
मंजिल दूर नहीं।

आस्था एक शक्ति

कैसा है

श्रम बिना अर्जित धन
मानव बिना
कैसा विज्ञान है,
प्रयास बिना प्राप्त सफलता
आत्मविश्वास बिना
कैसी उड़ान है।
त्याग बिना निभाया धर्म,
चरित्र बिना
कैसा ज्ञान है,
औलाद बिना विशाल मकान
प्रेम बिना कैसा जीवन है।

नैतिकता बिना विकसित व्यापार,
पवित्रता बिना
कैसा इंसान है,
बुजुर्गों के बिना घर-संसार
सेवा बिना
कैसी संतान है।
सिद्धांतों बिना स्थापित राजनीति
सद्विवेक व विचार
बिना कैसा आनंद है,
खुशी बिना सफल जीवन
परिवार बिना
कैसा धन है।

हमारा यह मन

ठहरो,
थोड़ा तुम आराम से
बैठा करो,
ध्यान
नित्य ईश्वर में
धरा करो।
पलकों को
बंद करके आंखें तुम
मन को शांत करो,
अपनी अन्तर
गहराई में एक सकारात्मक
उड़ान भरो।

सच्चा मित्र बनकर
सदैव साथ निभाए ईश्वर
अगर हृदय में
है सच्ची भक्ति,
ध्यान ही
ईश्वर को पाने की उनमें
समाने की है युक्ति।
शान्ति में तन्मय
आत्मा की ऊंचाइयों की ओर

है गति,
यह एक ऐसा रहस्य
जिसमें छिपी है शक्ति।

यह मन सदैव
हमारी गहरी निद्रा में भी
गतिशील रहता है,
असल में यह मन
हमारा एक सच्चा मित्र
होता है।
हमारा अवचेतन मन
विचारों व संस्कारों के प्रति
ग्रहणशील होता है,
यह मन हमेशा
सकारात्मक विचारों से ही
नियन्त्रित होता है।

हमारा मस्तिष्क
स्थिर व शिथिल जब पूर्णत:
हो जाता है,
चेतन मन का
विचार अवचेतन मन की धरा में
उतर जाता है।
अवचेतन मन में
हमारा हर विचार व संस्कार
सुरक्षित हो जाता है,
जीवन में इसीलिए

हमारे सकारात्मक विचारों का
महत्त्व बढ़ जाता है।

अवचेतन मन में
जब यह सकारात्मक विचार
उतर जाते हैं,
हमें जीवन में
बड़े सुखद, सन्तुलित व आनन्दित
परिणाम मिलते हैं।
सकारात्मक विचार
हमारे मन को एक दिव्य ऊर्जा से
भर देते हैं।
इसी ऊर्जा से
हम हर समस्या को परास्त
कर सकते हैं।

हमारे अन्तर में
गूढ़ रहस्य व शक्ति के
कई अवयव है,
हर विजय
अटूट आस्था व सन्तुलित मन से
संभव है।

आस्था एक शक्ति

दोषी ईश्वर नहीं

माना कि
दुनिया में
दुःख, तकलीफें व मुश्किलें
भरी है,
लेकिन
सुनो इन सब का
दोषी ईश्वर नहीं है।
अपने ही
अशिष्ट कर्मों से
बना यह वातावरण जो
सही नहीं है,
अपनी गलतियों का
ईश्वर पर
दोष मढ़ना ठीक नहीं है।

दोस्त
स्वयं ही
अपने जीवन को
कबाड़ बना के रखते हैं,
बार-बार
ईश्वर को एक मुजरिम
बना के रखते हैं।

किसी भी असफलता व घटना को
ईश्वर पर डाल देते हैं,
न जाने क्यों
ईश्वर के कार्य में
एक अवरोध बना के रखते हैं।

नकारात्मक
अवधारणाओं से मस्तिष्क को
भरते जा रहे हैं,
अहित व अशिष्ट कर्मों से
समस्याओं को उभार रहे हैं।
अपने अपशब्दों से
स्वयं को
कठोर सजा दे रहे हैं,
जो ईश्वर
भरता है हमारी झोलियां
उसे उल्लाम्बा दे रहे हैं।
मस्तिष्क में
अपने विचारों की दिशा
ठीक करें,
अपने कार्य को
आत्मविश्वास के साथ
किया करें।
स्वीकार करे परिणामों को,
अपनी जिम्मेदारियां
स्वयं तय करें,
ईश्वर पर
अटूट आस्था व श्रद्धा विकसित करें।

आस्था एक शक्ति

हमारा यह असत्य डर

कमजोर रिश्ते, असफलता,
बीमारी व मृत्यु के विषैले डर,
संसार के
हर कोने-कोने में है फैले
यह डर।
यह वर्तमान
यह भविष्य व अतीत के
कंटीले डर
बनाए बैठे हैं
हमारे हृदय में यह सब
एक पक्का घर।

स्वप्न में
डर के विचारों से जब
एकदम हम
डर जाते हैं,
थरथराती हुई अपनी
जुबान से तब कुछ भी नहीं
कह पाते हैं।
दोस्त,
वास्तविक कष्ट जैसा

प्रभाव अपने शरीर व आत्मा में
सहते हैं,
हृदय में यह डर
बस जाये तो बड़ा ही
कोहराम मचाते हैं।

डर मस्तिष्क में
उपजा हुआ
एक असत्य विचार है,
एक ऐसी सोच
जिसका न कोई हल
न कोई आधार है।
यह डर हमारी
अटूट आस्था व एकाग्रता शक्ति पर
निरन्तर प्रहार है।
इस डर का
संसार का हर व्यक्ति बड़ा
शिकार है।

डर के जहरीले
विचारों के कारण मस्तिष्क में
गहरा प्रभाव होता है,
प्रभावित मस्तिष्क से
जीवन में दुःख, तकलीफें व कष्ट
होता है।
दोस्त,
डर तो मात्र

आस्था एक शक्ति

एक काली छाया ही
होता है,
यही है वह पल
जब हमारे आत्मविश्वास का
इम्तिहान होता है।

अपनी क्षमता
सफलता व अवसर
व्यर्थ में ही हम खोते हैं,
जो चीजें असल में नहीं है
उसके लिए नित्य रोते हैं।
न जाने हम
किन-किन भयों व भ्रमों में
जीवन जीते हैं,
दोस्त,
हमारे अधिकांश डर
वास्तविकता में बिल्कुल भी
नहीं होते हैं।

पहला कदम
प्रतिभा होते हुए भी हम कभी
नहीं उठाते हैं।
बहुत ज्यादा
जिस कार्य से हम सदा
डरते रहते हैं।
संभव है विजय
इस डर पर उनकी जो

आत्मविश्वास से
भरे होते हैं,
अपने अन्तर में
वह सदा कार्य करने की घोषणा
करते रहते हैं।

माना कि
हमारा जीवन इस डर का
बहुत शिकार है,
अगर
स्वयं में व अपनी अन्तर्शक्ति में
आस्था व प्यार है।
जीवन में सदा
आगे बढ़ने का सूक्ष्म-सा भी
अगर विचार है,
दोस्त,
फिर इस डर का
एक ही संभव अब
यह उपचार है।

हमारे अन्तर में
कार्य करने की
जब शक्ति पैदा होगी,
डर से ज्यादा
हृदय में जब ईश्वर पर आस्था
विकसित होगी।
कितने हैं हम

आस्था एक शक्ति

दृढ़ निश्चयी व आत्मविश्वासी
इसी पर निर्भर होगी।
दोस्त,
डर की मृत्यु
अब सकारात्मक विचारों से
तय होगी,
धीरे-धीरे
फिर डर कम
हमारा जीवन आरामदेह होगा।
देखना,
ईश्वर की कृपा से
जीवन में एक
चमत्कार होगा।
कार्य की
हर विधि आनिछत व जीवन
उत्सुक होगा,
ईश्वर का
जो थामे हाथ वह ऊर्जा से
नित्य भरा होगा।

भविष्य की कल्पनाएं

भविष्य की
कल्पना, उड़ान व हसरतों का
आनंद ले,
भविष्य के
सुखद, सफल व समृद्ध परिणामों का
सुकून व आनंद ले।
लेकिन दोस्त
याद रखना आप वर्तमान में यह
सपना देख रहे,
वर्तमान से ही
भविष्य का होगा जन्म
इस तथ्य को समझ ले।

भविष्य की
सुखद कल्पनाओं में
जिम्मेदारियां कभी न भूले,
इन कल्पनाओं को
दृढ़ संकल्प व पूर्ण समर्पण से
सत्य कर ले।
सपना है देखा
अब आत्मविश्वास से
हृदय को परिपूर्ण कर ले,
दोस्त,

आस्था एक शक्ति

लगा एक छलांग ऊंची
पकड़ ले सितारे आज अपनी झोली
भर लें।

जीवन में
ईश्वर हमें कुछ न कुछ तो
देता ही रहता है,
कुछ चीजें ऐसी
जिसे वो हमारे कर्मों पर
छोड़ देता है।
जीवन का व्याकरण
सिर्फ वर्तमान को ही
महत्त्व देता है,
एकाग्रता व लगन से
करते हैं जो कार्य
उन्हें अच्छे परिणाम देता है।

हमारे पास
अच्छा स्वास्थ्य, आत्मबल
व उचित अवसर है,
ईश्वर की
इसी कृपा में है सफलता
यही सत्य है।
यह पल
जो है हमारे पास
बहुत बेहतरीन है,
ईश्वर के दिए
इसी पल में है शक्ति
यही वास्तविक है।

अद्भुत भीतरी खजाना

मन की आंखें
खोलकर जब अपने ही
भीतर देखा
एक अद्भुत
चमत्कारी व बहुत बड़ा खजाना
भरा है रखा।
सुख-समृद्धि, आनंद,
असीमित ज्ञान व अनंत प्रेम
को जब देखा
ईश्वर की
नियामतों का अथाह भण्डार
हमारे भीतर ही है रखा।

दोस्त,
सांसारिक भागदौड़ में
कभी हमने अपने अन्तर में
नहीं झांका है,
यह खजाना
ईश्वर का
एक ऐसा अनुपम उपहार है
जिसे हमने खोलकर नहीं देखा है।

आस्था एक शक्ति

भीतरी खजाना
अदृश्य, अद्भुत व बहुत ही शक्तिशाली
होता है,
समस्याओं के
समाधान व श्रेष्ठ परिणामों का रहस्य
इसी में छिपा है।

हम अपनी ही
क्षमताओं व प्रतिभाओं को एक नया
मुकाम देंगे,
जब आपूर्ति के
भण्डार व क्षमताओं को हम
पहचान लेंगे।
अपने ही भीतर
एक नया प्रकाश व एक नई ऊर्जा
जब उत्पन्न कर लेंगे,
इस रहस्य पर
करेंगे अमल तो अपनी हर इच्छा
साकार कर लेंगे।

हमारे भीतर नए विचार,
आविष्कार, खोजें व कला का विस्तृत
संग्रह होगा,
भीतरी दिव्य ऊर्जा व खजाने से
हमें एक आश्चर्यजनक
परिणाम प्राप्त होगा।

हमारा मस्तिष्क
सकारात्मकता के प्रति
जितना ज्यादा ग्रहणशील होगा,
भीतरी मौजूद
असीमित ज्ञान भी उसका उतना
मददगार होगा।

जीवन चमत्कारों से भरेगा
दोस्त, बस आस्था के साथ
प्रयास करना होगा,
मन का विश्वास
हमें सफलता की ओर
मोड़ना होगा।
भेजा जो विचार अन्तर में
वही परिस्थिति, अनुभव व घटना में
बदला होगा,
करना है
अपने लक्ष्यों को
हासिल तो शक्ति के सिद्धान्तों को
समझना होगा।

असफल होंगे
वो जो डरों व शंकाओं से घिरे
हैं रहते,
सफल होंगे
वही व्यक्ति जो आत्मविश्वास से

आस्था एक शक्ति

परिपूर्ण हैं रहते।
दोस्त, जो
मन में शान्ति
खुशी, सद्कर्म, सद्भावना व समृद्धि
के विचार हैं रखते,
ईश्वर अकसर
उनके सिर पर आशीष का हाथ
है रखते।

दोस्त,
मनमुटाव, दुविधा
कमियों व दूरियों को अब हमें
मिटाना होगा,
अपने विकारों को
अन्तर से चुन-चुन के बाहर
निकालना होगा।
मस्तिष्क के द्वार को
सकारात्मक विचारों के लिए
खोलना होगा,
जीवन में
अपने भीतरी खजाने का सफल
उपयोग करना होगा।

नियन्त्रित करो
अपने विचारों को
इन से परिस्थितियां बन जाएगी,

सकारात्मक विचारों से
व्यक्ति के चरित्र की विशाल इमारत
बन जाएगी।
बदले अगर हम
अपने विचार तो तकदीर ही
बदल जाएगी,
रखो अपनी
शक्तियों पर भरोसा
यह हमें समृद्ध बनाएगी।

आस्था एक शक्ति

सकारात्मक जीवन

स्वयं अपने
हृदय में इच्छाओं की एक आकृति
बनाकर रखी है,
क्या अपने विचारों
शब्दों, कर्मो व चरित्र की वैसी प्रकृति
बनाकर रखी है।
स्वयं ही अपने
सपनों की हृदय में एक सूची
बनाकर रखी है,
क्या हमने इन
सपनों के अनुरूप एक योजना
बनाकर रखी है।

जब स्वयं ही
क्रोध अग्नि में जलते मस्तिष्क को
नहीं बचाएंगे,
दोस्तों, तो जले हुए
मस्तिष्क से जले शब्द व जले विचार
ही पाओगे।
जब हम स्वयं के
साथ प्रेम व सम्मान का व्यवहार
नहीं करेंगे,

दूसरे व्यक्ति क्यों
आखिर प्रेम व सम्मान का व्यवहार
हम से करेंगे।

जब स्वयं ही
नफरत के तेजाब में हृदय को
तुम जलाओगे,
बताओ दोस्तों,
जले हुए हृदय से प्रेम कैसे
निकाल पाओगे।
स्वयं के बारे में
कमजोर, बुरे व हीन अनुभव
बना के रखे हैं,
हृदय में कई आवरण
ईश्वर द्वारा प्रदान प्रेम के ऊपर
चढ़ा कर रखे हैं।

क्या सफलता
अतीत के अन्धकार में जीने से
हमें मिलेगी,
क्या सफलता
भविष्य के हसीन सपनों में जीने से
हमें मिलेगी।
स्वयं की सारी
ध्यान शक्ति दूसरों के अवगुणों पर
केन्द्रित मिलेगी,
यही है रहस्य

आस्था एक शक्ति

जहां ध्यान केन्द्रित होगा वही चीज तो
आखिर हमें मिलेगी।

स्वयं की रुचि,
गुणों व क्षमताओं पर ध्यान
लगाना चाहिए,
पड़े हैं इसके ऊपर
जो आवरण एक-एक करके
हटाना चाहिए।
हमें स्वयं में
सकारात्मक बदलाव का मार्ग
अपनाना चाहिए।
वास्तविकता में हमें
सफल, सुखद, सकारात्मक जीवन
जीना चाहिए।

आपकी प्रतिक्रियाओं
का स्वागत है

rajk6939@gmail.com

राजकुमार
सकारात्मक पथ का एक सच्चा साथी।

जीवन की निरुद्देश्य गति

देखो मानव
इस बात पर थोड़ा-सा करें
स्वयं विचार,
हवाई पट्टी पर
दौड़ते हुए हवाई जहाज की
बहुत तेज रफ्तार।
इंसान भी
अपनी ऐसी तीव्र गति का है
बड़ा ही शिकार,
इंसान की गति
हर दिन हर पल बढ़ती
जाए लगातार।

हवाई जहाज
अपनी तय दिशा की ओर तेज
निकल जाता है,
हवाई जहाज
तेज गति के साथ ऊपर की ओर
उड़ जाता है।
लेकिन इंसान
गति के उचित रहस्य को नहीं
समझ पाता है,

इंसान
अपनी निरर्थक व निरुद्देश्य गति के कारण
एक दिन
ऊपर ही उठ जाता है।

स्टेशन से
तीव्र गति से भागती रेलगाड़ी के
पीछे तो देखे,
उड़ते हुए
कई शाख के पत्ते व फूल
मैंने देखे।
दूर तक
वृक्ष की शाखा से टूटकर
उड़ते हुए देखे,
दूसरों की
तीव्र गति में अपने वृक्ष का साथ
छोड़ते हुए देखे।

व्यर्थ की अपनी
गति से ऐसे ही परिवर्तन
होते हैं रहते,
उन हरे व रंगीन
पत्तों व फूलों के खुद के अस्तित्व
भी नहीं रहते।
न मंजिल कोई
बस रुख हवा का जिधर
को हैं रहते,

आस्था एक शक्ति

ऐसी निरुद्देश्य
गति से भटके यात्री-सा जीवन
जीते हैं रहते।

बिना उद्देश्य
जीवन से उत्साह, रोमांच व खुशी मिटती चली जाएगी,
ज़िंदगी एक ऐसे
आलस्य के दलदल में धंसती चली जाएगी।
उद्देश्य से हमारी
ज़िंदगी सफल, सुखद व संतुष्टिदायक बन जाएगी,
ईश्वर की
नियमित गति से जब हमारी गति मिल जाएगी।

जीवन का एक
लक्ष्य व बिल्कुल अनुकूल एक योजना
होनी चाहिए,
सारी ध्यान शक्ति
इस लक्ष्य व योजना पर केन्द्रित
होनी चाहिए।
संसार के प्रभाव,
झुकाव व भटकाव से अब
बचाव होना चाहिए,
निरुद्देश्य भटकाव
की जगह पर लक्ष्य केन्द्रित जीवन
होना चाहिए।

क्षमा करो, आगे बढ़ो

ईश्वर
अपने दयालु होने का
कई बार प्रमाण देता है,
हम मैलों पर
वो दया की अनंत बारिश
कर देता है।
उम्मीद
एक बदलाव की रखकर
हमें फिर अवसर देता है।
ईश्वर
हमें बार-बार बल्कि हर बार
क्षमा कर देता है।

क्षमा के पश्चात्
जीवन के सही नियमों का फिर से
दुरुपयोग करते हैं,
ईश्वर की महान कृपा
जाने क्यों मिट्टी में
हम मिला देते हैं।
फिर एक नई गलती,
फिर एक नया अपराध
कर देते हैं,

आस्था एक शक्ति

वास्तव में हम
स्वयं ही अपने जीवन को कष्टों से
भर लेते हैं।

क्रोध है हमें दूसरों पर
आग अपने मस्तिष्क में लगाते हैं,
नाराज है हम दूसरों से
मगर बोझ अपने मस्तिष्क में उठाते हैं।
नफरत है हमें दूसरों से
हृदय मगर हम अपना जलाते हैं,
नुकसान
तो हम दूसरों का चाहते हैं
लेकिन हानि अपनी उठाते हैं।

मन में मैल
आखिर क्या हासिल करने के लिए
रख देते हैं,
व्यर्थ के अपने कर्मों से
स्वयं को कठोर सजा देते हैं।
हम दूसरों को
हृदय से कभी क्षमा दान नहीं देते हैं,
दयावान ईश्वर
हमें हृदय से लगाते हैं
और
क्षमा कर देते हैं।

अपने जीवन के

कष्टों व दु:खों का दोष नित्य ईश्वर
को देते हैं,
यह तो वो
करुणामयी ईश्वर है जो हमें कठोर सजा
नहीं देते हैं।
जो दूसरों की
अच्छी सेहत व मानसिक शांति के लिए
क्षमा कर देते हैं,
वास्तव में
वो अपने आपको नष्ट होने से
बचा लेते हैं।

माना कि
हमारा अहंकार व अज्ञान हमें क्षमा
नहीं करने देंगे,
लेकिन जो सच्चा
प्रेम करते हैं ईश्वर से वो क्षमा
कर देंगे।
कब तक हम,
अपने कर्मों का दोष ईश्वर पर
मढ़ते रहेंगे,
सृष्टि का
एक ही नियम वैसा ही काटोगे जैसा
तुम बोओगे।
जो सद्भाव
प्रेम व शान्ति बनाए रखने की
कोशिश करते हैं,

यह है वो
इंसान जो क्षमा को ईश्वर का आदेश
समझते हैं।
क्रोधी व्यक्ति की
सेहत, खुशी, शांति व सुखों की
कामना करते हैं,
ईश्वर द्वारा प्रदान
अपने हृदय से प्रेम की बारिश
करते हैं।

निद्रा से पहले
रात्रि को अपने कर्मों की क्षमा
मांग लेना,
हे ईश्वर,
मुझे अब व्यर्थ में अपना जीवन
नही है जीना।
अब मैं अपने
व्यवहार, विचार व मूल्यों पर आरंभ
करूंगा ध्यान देना,
एक अवसर
एक नये दिन के रूप में मुझे
कृपा और देना।

क्षमा से अकसर
मन को शांति, आनंद व खुशी
मिलती है,
क्षमा से सदा

मन का संशय, भ्रम व भ्रांति
मिटती है।
क्षमा से हमेशा
दूसरों को समझने की शक्ति
मिलती है,
क्षमा से सदैव
जीवन को एक पुन: शुरुआत
मिलती है।

ईश्वर को भी
कुछ तो
समझा करो,
दोस्त तुम
आगे बढ़ो और दूसरों को
क्षमा करो।

आस्था एक शक्ति

जीवन एक महान अवसर

आत्महत्या के
दुखद समाचार से आज मेरा
हृदय डोला है।
एक सत्य बताओ
मेरे दोस्तों क्या यह कदम
सही लिया है।
परिस्थितियों के
विषम आक्रमण से जीवन रूपी रणभूमि
छोड़ दिया है,
बाधाओं के समय
ईश्वर से आस्था, प्रार्थना व संवाद
कभी किया है।

क्या हमने
ईश्वर के चरणों में पूर्ण समर्पण
कभी किया है,
ईश्वर ने हमें
जीवनरूपी एक महान अवसर प्रत्येक
को दिया है।
न जाने क्यों
कुछ इंसानों को अपने जीवन से
ही गिला है,

सोचो जरा,
कहीं ईश्वर की
अनुपम कृपा का अपमान तो
नहीं किया है।

जीवन में स्वयं
अपने हृदय को विशाल व भव्य
बनाना चाहिए,
छोटा हो या बड़ा,
हर इंसान को अपने गले से
लगाना चाहिए।
क्रोधी व्यक्ति को
अवश्य ज्यादा समय तक हृदय से
लगाना चाहिए,
इस तरह अपने
हृदय की राहत को उसके हृदय तक
पहुंचाना चाहिए।

हर दिन हर पल
सुखद व खुशनुमा महसूस
किया करो,
एक-एक करके
अच्छे दिनों की संख्या बढ़ाते हुए
चला करो।
अपनी भीतरी
शक्ति भण्डार का ज्यादा से ज्यादा
उपयोग किया करो,

आस्था एक शक्ति

इस शक्ति से
अपना जीवन सफल, सुखद व
समृद्ध किया करो।

स्वयं ईश्वर ने
हमारे लिए कितनी सुन्दर सृष्टि की
रचना की है,
हमने स्वयं ही
अपने कर्मों व क्रिया-कलापों से इसमें
गंदगी भर दी है।
अमल करेंगे उन पर
जिन विचारों ने हमारी ज़िंदगी सीमित
कर दी है,
आखिर कब करेंगे उपयोग
जो ईश्वर ने प्रेम शक्ति
हमें दी है।

स्वयं ईश्वर व
उनकी शक्तियां हमारे साथ है
यह विश्वास होना चाहिए,
सफलता व समृद्धि मिल जाएगी,
मगर हृदय में सच्ची
आस्था होनी चाहिए।
मिले जिनसे हमें खुशी
अपने जीवन में वह कार्य करने चाहिए,
खुशी पाने के
लिए दोस्तों हमें पूर्ण समर्पित हो
जाना चाहिए।

रक्त दानवीर

बनाया जा सके
रक्त उद्योग ऐसा अभी
कहीं लगा नहीं,
करे कोई उस
ईश्वर का काम
ऐसी क्षमता किसी में नहीं।
दम तोड़ देती हैं
कई ज़िंदगियां मृत्यु रहम कभी
करती नहीं,
इस अमूल्य
रक्त का क्योंकि होता कोई
विकल्प नहीं।

एक महान परोपकार
कोई भी इंसान कमा सकता है,
किसी व्यक्ति के
जीवन में एक चमत्कार कर
सकता है,
दु:खी परिवार के
बुझते हुए कुल दीपक को रोशन
कर सकता है,
रक्तदान द्वारा

आस्था एक शक्ति

इंसान किसी का जीवन बचा
सकता है।

एक रक्तदानी को
ईश्वर ने आत्मिक खुशी का उपहार
दिया है,
एक रक्तदानी ने
सदैव मानवता की एक उत्तम सेवा
किया है।
रक्तदान एक
बिना दर्द की एक सरल
प्रक्रिया है,
पूछो उनसे हर सवाल
जिन्होंने रक्तदान किया है।

करे रक्तदान
जो स्वयं गम्भीर रोगों से होता
ग्रस्त नहीं,
पूरी जानकारी रखो मन में
व्यर्थ का संशय व डर नहीं।
रक्तदान से
पहले व बाद में
कोई सिगरेट व शराब पीते नहीं,
रक्तदान से
स्वास्थ्य में कोई बुरा प्रभाव कभी
पड़ता नहीं।
करे जलपान व थोड़ा-सा आराम

फिर कार्य पर है लौट आना,
रक्तदान से
मेरे प्रिय साथियों
जरा भी नहीं है घबराना।
माना कि
रोगी के जीवन को ईश्वर ने ही
है बचाना,
लेकिन,
ऐ भोले इंसान
पहले तू अपना सामाजिक फर्ज
तो निभाना।

कोई भी नहीं निकलता
घर से दुर्घटनाओं में ज़ख्मी
होने के लिये,
करे रक्तदान
अनजाने में लापरवाही का शिकार होने
वालों के लिये।
डिलीवरी, ऑपरेशन व गम्भीर रोगों के
उपचार के लिये होगा
रक्त का प्रयोग
दुर्घटना में ज़ख्मी व जले मरीजों
के लिये।

एक रक्तदानी के
स्वयं के भी कुछ निरीक्षण
किए जाएंगे,

तभी अनुमति
डॉक्टर की सलाह से हासिल
कर पाएंगे।
दान किये हुए
रक्त के कई सुरक्षा निरीक्षण
किए जाएंगे,
इन सभी विधियों
के पश्चात् ही रोगियों को
दिए जाएंगे।

रक्तदान से
कभी-कभी खुद का भी भला
हो जाता है,
रक्त में हो
कोई रोग तो उसका भी पता
चल जाता है।
ईश्वर की अनन्त
कृपा का रहस्य किसको पता
चल पाता है,
इंसान तू इतना
सूक्ष्म है कि उस विराट स्वरूप को
नहीं देख पाता है।

मृत्यु की शैय्या
पर लेटे रोगियों को चाहिए
एक दानवीर,
हम भी बन

सकते हैं बालि और कर्ण जैसे
महान दानवीर।
मृत्यु के आगे
खींच सकता है एक लक्ष्मण रेखा
एक रक्तदानवीर,
बदल सकता है मृत्यु को जीवन में
ईश्वर की कृपा से
एक रक्तदानवीर।
अमूल्य
रक्त का कोई मूल्य
मत लेना कभी,
रक्तदान द्वारा
एक जीवन को उपहारस्वरूप
देना सभी।

आस्था एक शक्ति

हमारी तमन्ना

हमारी तमन्ना
अदा करती है भूमिका
एक प्रबल शक्ति की,
उतार रही है
वास्तविकता की भूमि में
जो चीज है अम्बर की।
हमारी तमन्ना
हृदय में सदैव बनाए रखती है ऊर्जा
आत्मविश्वास की,
करवा रही है
वह कार्य हम से जो रहते हैं नगरी
नामुमकिन की।

मस्तिष्क की
कंटीली हीन-भावनाओं को दूर
तुम करो,
हर आनंद, हर खुशी,
जीवन में हासिल
तुम करो।
हर उम्मीद, हर सपना,
जीवन में साकार
तुम करो,

चाहते हैं जिसे पाना
आखिर उस चीज की तमन्ना
तो किया करो।

क्या न दिया ईश्वर ने
तुम सहभाव में अपनी
कृतज्ञता तो भरो,
ईश्वर के हर
अनुपम उपहारों का एक शुक्रिया तो
अदा करो।
तमन्नाओं को
हृदय में दबाकर कभी भी बन्द
मत रखा करो,
हाथों में हाथ
रखकर आसमां से गिरने का
इन्तजार मत करो।

कभी-कभी अपने
मस्तिष्क की ऐसी कठोर दशा
कैसे हो जाती है,
विवेक से कार्य
करने वाले से भी गम्भीर गलती
हो जाती है,
हमारे मन की जब
हर इच्छा व हर उम्मीद
पूरी हो जाती है,
न जाने क्यों
एक घड़ी नहीं ईश्वर के धन्यवाद
की मिल पाती है।

आस्था एक शक्ति

दोस्त,
हम अपने मस्तिष्क
की कल्पनाओं में कितना खुशी व
आनंद लेते हैं,
एक ईश्वर है जो
इन तस्वीरों को हमें वास्तविकता में
भेज देते हैं।
अपने दु:ख तो
हम अशिष्ट व असभ्य कर्मों से
ही बना लेते हैं,
ईश्वर कभी भी
अपनी करुणा का मोल हमसे
नहीं लेते हैं।

जब हम नकारात्मक
परिस्थिति व घटना को सकारात्मक
रूप में देखते हैं,
इस तरह
हर बुरी व हीन
बात को हम अच्छे प्रभावों में
बदल सकते हैं।
जीवन में हमें
शक्ति का यही नियम सदैव उत्तम
फल दे सकते हैं,
जब हम अपनी
आदतों में तमन्ना व उम्मीद को
शामिल करते हैं।

अति व्यस्तता

ज़िंदगी की
भागदौड़ में हम सब को नजरअंदाज
करते रहे,
इतनी हो गई है
आज व्यस्तता कि हर रिश्ता
भूलते रहे।
ज़िंदगी की अति व्यस्तता में
हम दिन, महीने व साल
खोते रहे,
पापा के इन्तजार में
बच्चे कभी जागते तो कभी
सोते ही रहे।

परवाह है और
प्रेम व सम्मान भी हृदय में
संजोए रखते हैं,
दो मीठे अल्फाज
बोलने व गले लगाने की कोशिश
आखिर कब करते हैं।
कब तीव्र हो गई
ज़िंदगी की रफ्तार हम इसका हिसाब
कहां रखते हैं,
हमारा परिवार पूर्ण

आस्था एक शक्ति

समर्पण, संकल्पित, प्रेम व उत्साह के
साथ हमारा ध्यान रखते हैं।

समय तीव्र गति से
निकल रहा है हमें जरा भी
आभास नहीं,
इतने व्यस्त कि
अपने प्रिय रिश्तों-नातों से मिलने का
समय भी नहीं।
माता-पिता के
मन के भावों को जानने व सुनने का
होता समय नहीं,
कार्य में है
इतनी व्यस्तता कि घर व ऑफिस में
कोई अन्तर नहीं।
हमारे कार्य करने
की प्रवृत्ति न जाने क्यों ऐसी
हो जाती है,
घर तो क्रोध
और थकान पहुंचती है लेकिन
मुस्कान खो जाती है।
बच्चों की
चंचल बातें दिल में ही दबी
रह जाती हैं,
जब उन्हें पापा के
क्रोध, डर, चिंता व तनाव की
छवि दिख जाती है।

ईश्वर द्वारा प्राप्त

अनुपम जीवन अवसर का जो आनंद
उठाना चाहते हैं,
वास्तव में ऐसा
व्यक्ति जीवन में रिश्तों का महत्त्व जानते हैं।
प्रेम, खुशी व आनंदित
जो जीवन अपना बनाना चाहते हैं,
वह कार्य के साथ
अपना हर रिश्ता भी अनुशासन
से निभाते हैं।

रहेगी ज़िंदगी
सदा ऐसी ही व्यस्त कुछ समय
तो बचा लो,
बचे अमूल्य समय
को खुशी व आनंद से परिवार
संग बिता लो।
प्रेम करते हैं जो
हमें उन मासूम बच्चों के लिए
समय निकालना होगा,
स्वयं के जीवन में कम
लेकिन उनके जीवन में इसका
प्रभाव ज्यादा होगा।

जीवन में शीघ्र
एक सकारात्मक परिवर्तन को
लेकर आए,
धन का पहाड़
बनाने में कहीं यह जीवन अवसर
निकल ही न जाए।

आस्था एक शक्ति

जीवन की अति
व्यस्तता में दोस्तों इतना भी न खो जाए,
जो हमें प्रेम व सम्मान
करते हैं वो हमसे कहीं
दूर न हो जाए।

व्यर्थ की अति
व्यस्तता से सदैव परिवर्तन
ऐसे ही पाएंगे,
सिसक-सिसक कर
रोएंगे, चिल्लाएंगे और बहुत
ही हम पछताएंगे।
गुजर जाते हैं
जो पल वो कभी लौट कर
नहीं आएंगे,
अति व्यस्तता की
चक्की में पिसकर अपना ही
अस्तित्व गवाएंगे।

करे संकल्प
अब जीवन खुशी, हंसी व आनंद से
हम बिताएंगे,
व्यस्तता के
साथ-साथ हम अपनों के लिए भी
समय निकालेंगे।

एक सच्चा दोस्त

एक सच्चा दोस्त
सुखदायक, सहायक, सहयोगी व
संजीदा होता है,
एक सच्चा दोस्त
खुले हृदय का, समर्थनकार व
वफादार होता है।
एक सच्चा दोस्त
सामाजिक, सुनने वाला व निर्भरता
योग्य होता है,
एक सच्चा दोस्त
परामर्शदाता, विश्वसनीय, शालीनकार
व ईमानदार होता है।

ऐसे ही उत्तम
गुणों की हो तस्वीर और मानवता
की समझदारी,
एक सच्चा व
अच्छा दोस्त बनना है एक बहुत
बड़ी जिम्मेदारी।
न गरीबी,
न दरिद्रता, न कोई दीवार व
न कोई लाचारी,

याद करें
प्रभु श्री कृष्ण व सुदामा की मित्रता
जो है प्रेरणाकारी।

सिंहासन, मुकुट छोड़ा
व नंगे पग दौड़ कर सुदामा
को गले से लगाते हैं,
पूरे संसार को प्रभु
सच्ची मित्रता का अर्थ
समझाते हैं।
दोस्त करते हैं
क्षमा भी और सच्चा सहारा
भी बनते हैं,
नहीं छोड़ते अकेला
किसी मोड़ पर सदा साथ
ही रहते हैं।

सिर्फ अच्छे
ही वक्त में साथ केवल
निभाते नहीं,
मुश्किल घड़ी में
भी कभी पीछे किसी से
रहते नहीं।
दोस्ती है
एक खिला हुआ फूल
कोई कठोर शिला नहीं,
धोखा व षडयन्त्र
सामप्त कर देता है दोस्ती को
इसमें सन्देह नहीं।

रोने को कंधा
व बढ़कर आगे आंसुओं को
पोंछ लेते हैं,
कठिन पलों में
उत्साह, रचनात्मकता, जोश व प्रेरणा
से भर देते हैं।
वो दोस्त नहीं
जो नकारात्मक दिशा व राह
दिखाते हैं,
वो दोस्त नहीं
जो नकारात्मक सोच व वाणी
को अपनाते हैं।

दोस्ती में समर्पण की भावना
और
ऐसा एक संकल्प होता है,
दोस्त
हमेशा सकारात्मक सलाह ही देगा
व स्पष्टवादी होता है।
सकारात्मक
दोस्तों का जीवन में ऐसा ऊंचा
दर्जा होता है,
उन्हें देखकर
लगता है सदा कि दोस्त ही
ईश्वर होता है।

आस्था एक शक्ति

मूल्यों की परख

मेरे मस्तिष्क की
अपने व दूसरों के लिए
क्या विकृति है,
इंसानियत में
सोचो हमारी आखिर
क्या आकृति है।
सफल उपलब्धियां व
भूमिकाएं वास्तव में क्या
हमारी सुकीर्ति है,
ज़िंदगी में इसीलिए
अपने जीवन मूल्यों की परख
एक जाग्रति है।

जीवन मूल्यों की
यह परख एक तस्वीर
हमें दिखाती है,
हम लोग
इंसान है या नहीं है
इस तथ्य को दर्शाती है।
जीवन मूल्यों की
हमारी यह परख सावधान
हमें कर जाती है,

दोस्त
मूल्यों बिना सफलता
अन्त में सब
मिट्टी हो जाती है।

अपने कुकर्मों से
जब मां व बच्चे के समक्ष
शर्मिन्दा हम हो जाते हैं,
बताओ मित्रों
ऐसे मूल्यहीनता व अशिष्ट इंसान
किस श्रेणी में आते हैं।
अपनी बुरी आदतों से
जब सफलता के आंचल पर
दाग लगाते हैं,
बताओ मित्रों
ऐसे असत्य व बेपरवाह इंसान
किस श्रेणी में आते हैं।

जीवन मूल्यों के
आधार पर सदैव अपना जीवन
जीते चले जाएंगे,
समाज में हम
सुखद, सफल, समृद्ध व सभ्य छवि
तभी बना पाएंगे।
जीवन मूल्यों की
कसौटी पर जब हम खरा
उतर जाएंगे,

आस्था एक शक्ति

परिस्थितियों के
घने व काले बादल
उसी वक्त छंट जाएंगे।

जब अपने ही
सद्कर्मों व कार्य व्यवहार से
गर्व की अनुभूति होती है,
यह श्रेष्ठ आदतें व
सद्गुण जीवन मूल्यों की
तस्वीर होती है।

भूल जाते हैं

हर विचार तथ्य
परीक्षा के समय पर हम
भूल जाते हैं,
जब होता है अतिआवश्यक
तभी मस्तिष्क से निकल जाते हैं।
मस्तिष्क
बिल्कुल खाली
सही जवाब बाद में ही
याद आते हैं,
आखिर क्या है समस्या
जो सही समय पर सही बात
भूल जाते हैं।

अस्थायी चिंता व आशंकाएं
नकारात्मक विचार प्रेरित करती है,
यही है वो भावनाएं
जो सकारात्मक विचारों को
रोक देती हैं।
चिंताओं में लिपटे नकारात्मक विचार
ध्यान को भंग, भूल को साकार करती है,

आस्था एक शक्ति

यही है वो
विषैले विचार जो सदैव हमें
भयभीत करती है।

हमारा सारा ध्यान
असफलता व भूलने की चिंता में
केन्द्रित हो जाता है,
इंसान इसी कारण
सत्य व तथ्य को सही समय पर
भूल जाता है।
हमारा सम्पूर्ण ध्यान
जिस भी दिशा में चला जाता है,
वो हमें
वैसी ही तस्वीर व परिणाम
दिखाता जाता है।

दोस्त उठो
अब मस्तिष्क से निकल जायेगा
यह झूठा भ्रम,
यह है नहीं एक बीमारी
इस शिकायत का भी है
स्पष्टीकरण।
अटूट आस्था
ईश्वर की अनन्त कृपा में व
करो पूर्ण समर्पण,

हमारे अवचेतन मन की
गहराई में छिपा है इसका
सारा व्याकरण।

याद रखना
जिस विचार व संस्कार पर
हमारा सारा
ध्यान केन्द्रित हो जाता है,
वास्तविक में
हमें वही परिणाम प्राप्त
हो जाता है।
विश्वास के साथ
अपना सारा ध्यान जब लक्ष्य पर
लगाया जाता है।
वही व्यक्ति
सफलता के उच्च शिखर पर
पहुंच जाता है।

आस्था एक शक्ति

उठ चल अब

ऐ पथिक
थककर, हारकर अब कहीं
रुकना नहीं,
देख उम्मीदों व
आशाओं का सूरज अभी भी
डूबा नहीं।
उठ चल अब
आगे बढ़ना है सदा
रुकावटों के समक्ष झुकना नहीं,
देख मंजिल
अब हमसे जरा भी रही
दूर नहीं।

मत देख
कांटे है या फूल
बढ़ा हुआ कदम पीछे करना नहीं,
परिस्थितियों की इस चुभन को
आंसुओं में कभी बहाना नहीं।
उठ चल अब
फिर तू एक इंसान है
कोई शिला नहीं,
जो हवा का

वेग उड़ा ले जाए तू ऐसा शाख
का पत्ता नहीं।

उठ चल अब
दूरियां मत देख आज कोई
मजबूरियां भी नहीं,
पल भर
के लिए भी कभी लक्ष्य से
नजरें हटाना नहीं।
उठ चल अब
कभी बाधाएं सफलता का फैसला
करती नहीं,
अगर करती
तो झूठा है तेरा बाहुबल
राजा तेरा नाम नहीं।

उठ चल अब
ईश्वर की कृपा से सब सम्भव है
कुछ असम्भव नहीं,
दुनिया की
बातों से कभी अपना आत्मबल
गंवाना नहीं।
उठ चल अब।

आस्था एक शक्ति

'हीरो' मेरे हृदय में

एक अद्भुत
अनूठा व विश्वसनीय स्थान
इस दुनिया में,
सफल, सुखद व समृद्ध परिवार
भारत के गुलदस्ते में।
खुशी, रोमांच व आनंद
और रहते सभी अनंत प्रेम में
एक ऐसा
उत्साही व सकारात्मक 'हीरो'
मेरे हृदय में।

यहां कार्यरत सभी साथी
भारत के विभिन्न प्रान्तों से,
रहते हैं आपस में मिलकर
सद्भाव, प्रेम व शांति से।
दिल से,
मस्तिष्क से,
आत्मा से,
सकारात्मक विचारों से विश्वास करते
ईश्वर की सत्ता में,
ऐसे सहायक
सहयोगी और हितैषी 'हीरो'
मेरे हृदय में।

देखकर उसका
भव्य व विकराल रूप आ जाती
है घबराहट में,
जिस हीरो के
कदमों में दम तोड़ देती है
सारी मुश्किलें।
मुश्किलें व रुकावटें
तो जिसके लिए एक नया अवसर है,
एक ऐसा
साहसी और आत्मविश्वासी 'हीरो'
मेरे हृदय में।

यहां बुनियाद बनी
संस्कृति, संस्कार व जीवन मूल्यों से,
कहां होगी यहां पराजय, असफलता
आस्था विराजमान हो
जिस हृदय में।
जिसका नजरिया
उड़ान तय करेगा इस प्रतिस्पर्धा
की दौड़ में,
एक ऐसा
दृढ़ संकल्पी और पूर्ण समर्पित 'हीरो'
मेरे हृदय में।

संकोच है खतरनाक

ऐसे कार्य
करने के प्रयासों की आवश्यकता
ही नहीं है,
जिस कार्य की
सफलता का हृदय में आत्मविश्वास
ही नहीं है।
अपने ही
प्रयासों के प्रति शंकाओं से कभी
मुक्ति नहीं है,
दोस्तों
यह संकोच है खतरनाक,
इसका उपचार सरल नहीं है।

अपनी क्षमताओं व
प्रतिभाओं को हम सदैव मजबूत
बांधकर रखते हैं।
दूसरे हमें क्या
कहेंगे, दूसरे क्या सोचेंगे इन दुविधाओं
में रहते हैं।
कार्य करने से
पहले हम परिणामों का शिकार
हो जाते हैं,
इसलिए हमसे

कई अनुपम अवसर हाथों से
निकल जाते हैं।

अपने हृदय में
अटूट ईश्वरीय आस्था को
विकसित करें,
ताकि हम इस
नकारात्मक आत्मचिंतन से बाहर
निकल सके।

यदि हम संकोच
की धाराओं को उत्साह व साहस में
बदल सकें,
उन्हें सफलता के
मुकाम से फिर कोई बाधा
रोक न सकें।

दूर से हमें अकसर मुश्किलें भयानक-सी
लगती है,
समीप अगर
हम जाएं तो यह स्वयं ही भयभीत
लगती है।
संकोच से हमें
आत्मविश्वास, उत्साह व प्रेरणा में
कमी लगती है,
कार्य में पूर्ण
समर्पण व आस्था हो तो संकोच से
मुक्ति मिलती है।

आस्था एक शक्ति

ठोकर

बुजुर्गों की
महफिल में अकसर यह
कहा जाता है,
ठोकर
लगती है तो इंसान सम्भलना
सीख जाता है।
अति ठोकरों से
इंसान नकारात्मक गहराई में
चला जाता है,
वास्तव में
ठोकरों से ही इंसान हीरे जैसा
तराशा जाता है।

बिना ठोकर
खाए जो सम्भले वो समझदार
कहलाता है,
जो दे सम्मान
बुजुर्गों को ठोकर वो भी
नहीं खाता है।
इंसान दूसरों
की गलती व ठोकर से भी कुछ
सीख नहीं पाता है,
एक जैसी

परिस्थितियों में हर इंसान ज़रूर
ठोकर खाता है।

रहे सदा
बड़ों के हुक्म में वो गम्भीर हानि से
बच जाता है,
जो करें निरन्तर कोशिश
वही रास्ता व मंजिल को
पाता है।
ठोकर इतनी ज़रूरी नहीं
यदि व्यक्ति
सकारात्मक ऊर्जा से भर जाता है,
ऐसा व्यक्ति
अपनी ही नहीं दूसरों की गलतियों
से भी सीख जाता है।

दूरदर्शिता है जरूरी

कठिन परिस्थितियों में
उलझे व्यक्ति की दुखद प्रवृत्ति
है एक मजबूरी,
मुसीबतों से
अगर है बचना तो जीवन में
दूरदर्शिता है ज़रूरी।
सहज यह होगा
मुसीबतों के तूफानों से बचने
के बजाय,
दोस्तों हम कभी
मुसीबतों के तूफानों के मध्य में ही
न जाए।

एक मोड़ पर
जब हम पहुंचते हैं तो दूसरा मोड़
नजर आता है,
दूसरे मोड़ पर
हम जब पहुंचते हैं तो अगला मोड़
नजर आता है।
अपने ऐसे ही नजरिये से जीवन में सकारात्मक
बदलाव आता है
यही है वो

सकारात्मक नजरिया जो दूरदर्शिता
कहलाता है।

रूहानी व्यक्ति
इतनी सकारात्मक ऊर्जा से
भर जाता है,
उसे एक, दो मोड़
क्या पूरा मंजिल तक का रास्ता
नजर आता है।

अब भविष्य की
योजनाओं में एक ऐसा परिवर्तन
हो जाता है,
मुसीबतों से वो
फिर टकरा सकता है
और जीत जाता है।

हमारी भविष्य की
योजनाओं में दूरदर्शिता
होनी चाहिए,
आने वाली
कंटीली मुसीबतों का पूर्ण जायजा
होना चाहिए।
धैर्यपूर्वक आत्मविश्वास के साथ
अपनी योजनाओं पर
अमल होना चाहिए।
लापरवाही, जल्दबाजी व मूर्खतापूर्ण

आस्था एक शक्ति

असफल निर्णयों से
सदैव बचना चाहिए।

योजनाओं में
अंत तक कार्य करना पड़ सकता है,
कई मौकों पर
इसमें सकारात्मक बदलाव
करना पड़ सकता है,
योजनाओं का अंत
सफल, सुखद व समृद्ध
हो सकता है।

समय है कीमती

हम
दृढ़ निश्चय व तल्लीनता से
कार्य में जब समय को
लगा देते हैं,
इस समय को
हम सुख, समृद्धि, सफलता व धन
बना देते हैं।
जीवन में जब
हम समय का सदुपयोग
कर लेते हैं,
अपने श्रम द्वारा
स्वयं ही अपनी झोली धन से
भर लेते हैं।

ईमानदारी से
जितना समय वास्तविकता में कार्य पर
लगाया है,
दुःखमय क्यों?
उतने ही समय का परिणाम अब
मिल पाया है।
श्रेष्ठ व सुखद
परिणामों व सफलता के लिए अगर

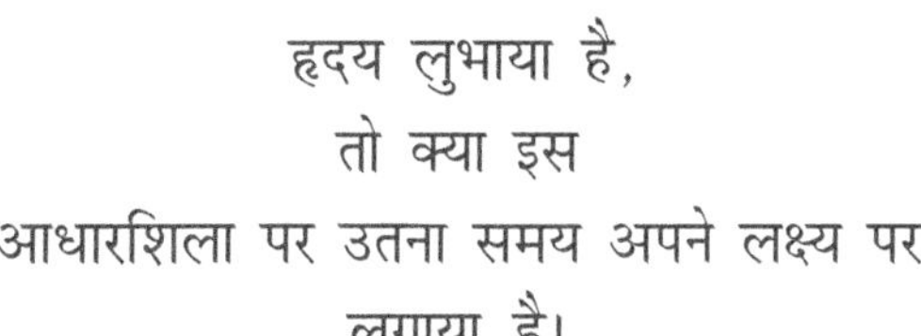

हृदय लुभाया है,
तो क्या इस
आधारशिला पर उतना समय अपने लक्ष्य पर
लगाया है।

समय है कीमती
अब इसके महत्त्व व रहस्य को
समझना होगा,
हमें व्यर्थ की
गपशप व आलस्य अग्नि में जलने से
बचाना होगा।
इस समय से
प्राप्त आश्चर्यजनक परिणामों का
मनन करना होगा,
अपने चेतन मन व
हृदय को एकाग्रता के दायरे में
लाना ही होगा।
अपना अमूल्य
समय स्वयं ही अपने हाथों से
बरबाद करते हो,
इतनी क्यों अब
विजेताओं की सफलता से जलन व ईर्ष्या
करते हो।
ज्यादा से ज्यादा
समय का उपयोग यदि अपने कार्य पर
करते हैं।
जाने-अनजाने

सफलता को अपनी तरफ आकर्षित
करते रहते हैं।

इंसान को स्वयं
अपने जीवन मूल्यों व उसूलों का
पक्का होना चाहिए,
कार्य की मर्यादा
सिद्धान्तों व नियमों का कड़ाई से
पालन करना चाहिए।
व्यर्थ की निन्दा,
गपशप, निद्रा व आलस्य पर पूर्ण
अंकुश होना चाहिए,
अपने हर कार्य
में समय की सीमा का ध्यान
रखना चाहिए।

आस्था एक शक्ति

कौन है अपना

कौन है अपना
कौन है पराया
एक प्रभु की सारी माया,
ज़मीं से उठाकर
जिसने हृदय से लगाया
बताओ वो अपना है या पराया।
भूखे को
जो भोजन खिलाया,
प्यासे को शीतल जल पिलाया,
अपना व पराया में से बताओ
कौन-सा उसने धर्म निभाया।

कोई अनजान
हमारा सहायक, रक्षक व साथी
बन जाता है,
हमारा अपना
क्यों हमारी सहायता व निकटता से
घबराता है,
कुछ तो कमी है
हमारे व्यवहार व चरित्र में जो यह
दूरियां बनाता है,
अपना होते हुए

भी व्यक्ति इसलिए पराया
बन जाता है।

ईश्वर हम पर
बहुत दयालुता, स्नेह व प्यार
बरसाता है,
अपनी कृपा
न जाने किस-किस रूप में हम तक
पहुंचाता है।
उस ईश्वर की
अनुपम कृपा का हर इंसान जरिया
बन जाता है,
महान है वह
व्यक्ति जिसके जरिये वो हमारे बिगड़े कार्य
बनाता है।

जो व्यक्ति
ईश्वर का हुक्म व सेवा धर्म
निभाता है,
वास्तव में वही
व्यक्ति हमारे अपनों की कसौटी
में आता है।
मन व हृदय से
हो निर्मल तो जीवन में चमत्कार
ही हो जाता है,
हर एक व्यक्ति
मानो स्वयं ईश्वर का ही दिव्य रूप
हो जाता है।

आस्था एक शक्ति

हमारी कर्तव्यनिष्ठा

लक्ष्यों पर
विश्वसनीय, दृढ़तापूर्वक व निस्वार्थपूर्ण नजरिया
हमारी कर्तव्यनिष्ठा कहलाती है,
कर्तव्य के मूल्यों,
सिद्धान्तों व मापदण्डों की समझ कर्तव्यनिष्ठा के
दायरे में आती है।
कर्तव्य की भावना
बढ़ती ही जायेगी यदि हमारी भूमिका
में स्पष्टता आती है,
कर्तव्यनिष्ठ सिद्धान्तों व नियमों
को जानकर उसकी कार्यकुशलता
में श्रेष्ठता आती है।

यदि व्यक्ति
पूर्ण समर्पण, आत्मविश्वास व अनुशासन से
हर कार्य करें,
तभी वो कार्य के
अदृश्य आवश्यक पहलुओं को तत्परता से
पूर्ण कर सके।
कार्य की भावना
हमारे दायित्वों की बुनियाद को
इतना मजबूत करे,
मुश्किल परिस्थितियों
में भी कर्तव्यनिष्ठ व्यक्ति विचलित
कभी न हो सके।

हमारा अनुशासन

अनुशासन
नियमों, विधियों का एक प्रशिक्षित
सलीका होता है,
अनुशासित व्यक्ति में
स्वयं ही आत्म-नियन्त्रण गुण का
विकास होता है।
सफलता के लिए
अनुशासन का गुण बहुत ही
जरूरी होता है,
ऐसे शक्तिशाली गुणों के साथ
आगे बढ़ने वाला एक दिन
शीर्ष पर होता है।

सीमाओं, नियमों व मापदण्डों में
रहने के लिए सहायता मिलती है,
इन्हीं गुणों के अभाव में
एक दिन हमारी छवि मिटती है।
अनुशासन गुण ही
एक विषैले वातावरण से हमें
मुक्ति दिलाती है,
एक उचित व सही हकदार को
प्रतिभा व श्रेष्ठता का
सम्मान दिलाती है।

जलवायु परिवर्तन

सौर ऊर्जा से
विद्युत उत्पादन की है अपार
सम्भावनाएं,
जिम्मेदारी सिर्फ
इतनी इसके साधनों को
सस्ता बनाए।
उस तकनीक को दो बढ़ावा
जो उद्योगों में ऊर्जा खपत
कम करवाएं,
ऊर्जा खपत करें जो कम
ऐसे उद्योगों को
राष्ट्र में सम्मान दिलवाए।

कम ऊर्जा खपत
आवासों के विकास की बुनियाद
रखी जाएगी,
आवासों के कचरे से
निरन्तर जब ऊर्जा उत्पन्न की जाएगी।
आसमां से बरसे
पानी के संरक्षण की उत्तम तकनीक
बनाई जाएगी,
देखना धीरे-धीरे

अपनी धरती एक उज्जवल तस्वीर
बन जाएगी।

आवश्यक है हमारे लिए
हिमालय के ग्लेशियरों की अब रक्षा
की जाए,
पूरे राष्ट्र में
पेड़ों व वनों के विकास पर
बल दिया जाए।
धरती की रक्षा हेतु
अब जैविक कृषि को पूर्ण महत्त्व
दिया जाए,
जल-वायु परिवर्तन की
सम्पूर्ण सूचना व शिक्षा हर व्यक्ति तक
पहुंचाई जाए।

आस्था एक शक्ति

बच्चों को चाहिये

बच्चों को चाहिये
पूर्ण सुरक्षित, प्रेम व स्नेह भरा
एक घर-संसार,
एक अच्छे व सच्चे
जिम्मेदार माता-पिता व उनका
सकारात्मक व्यवहार।
ज्ञान, शांति, सुख,
आनंद, शक्ति, प्रेम, पवित्रता
जैसे अच्छे संस्कार,
खेल-खिलौने
शरारतें व हर व्यक्ति से ढेर सारा
प्यार व दुलार।

संक्रामक रोगों से पूर्ण बचाव
व उनका शीघ्र ही सही उपचार,
बच्चों को चाहिये
एक त्यागी व ममतामयी मां का
आंचल व निस्वार्थ प्यार।
मानसिक व शारीरिक
विकास के लिये सन्तुलित व पौष्टिक आहार,
एक हास्य, प्रेरक,
सच्चा व अच्छा किताबी दोस्त
नाम हो जिसका राजकुमार।

एक साफ-सुथरा
घर-परिवार व अच्छा सामाजिक
वातावरण चाहिये,
बच्चों का जीवन
के प्रति एक सही दृष्टिकोण
होना चाहिये।
आस्था व विश्वास
है एक शक्ति
इसका अनुभव उन्हें करवाना चाहिये,
सही रास्ता दिखाइये
लेकिन डांट के साथ बच्चों को
प्यार भी चाहिये।

बचपन के दिन
बच्चों के जीवन का मजबूत आधार
बन जाते हैं,
बच्चे इसी एक बुनियाद पर
अपने भविष्य व सपनों का महल
बनाते हैं।
बच्चे मानसिक व
शारीरिक स्वस्थ, समझदार व बलवान
बन जाते हैं,
यदि हम उनके
सच्चे सहयोगी बनकर हर कदम पर
साथ निभाते हैं।

आस्था एक शक्ति

हमारा उत्तरदायित्व

स्वावलम्बिता एवं स्वेच्छा से
अपने क्षेत्र में कार्य का गुण
हमारा उत्तरदायित्व है,
उत्तरदायित्व की अन्तर्-गहराई में
कर्तव्यनिष्ठा व अनुशासन
गुण निहित है।
अपने दायित्वों में
कमी की प्रवृत्ति हमें दोषारोपित
अवश्य करती है,
मितव्ययता व शिथिलता
के व्यवहार से है हमारी क्षति,
जो हमें गैर-जिम्मेदार करती है।

अपने उत्तरदायित्व के
निर्वाह में कई स्थितियों में
उपहास व अप्रियता भी मिलती है,
हमारी कर्तव्यनिष्ठा व अनुशासन
की भावना से उत्तरदायित्व को
मजबूती मिलती है।
जब हम परिस्थितियां
करे स्वीकार तो क्यों बहानों की
सूची मिलती है,
यही है कमी

जिससे हमारे उत्तरदायित्व की इमारत
हिलती व गिरती है।

उत्तरदायित्व की भावना
सभी के लिए एक जैसे ही
प्रदर्शित होती है,
यह भावना
किसी को उसके दायित्व व भूमिका से
कभी वंचित नहीं करती है।
हमारा दायित्व व भूमिकाएं
व्यक्तिगत, औपचारिक, अनौपचारिक,
पारिवारिक व सामाजिक हो सकती है,
जिसमें हो यह गुण
उसकी छवि को सबसे अलग व श्रेष्ठ
करती है।

आस्था एक शक्ति

गलतियां है एक सबक

उन व्यक्तियों ने भी
पग-पग पर कई गम्भीर ठोकरें व चोटें
खाई हैं,
उन विजेताओं से भी
हमारे समान कई निर्णय व गलतियां
हुई हैं
फिर क्या है
वो कारण हम आज ज़मीं में भटककर
रह गये हैं,
उन साथियों ने
सफलता की हासिल व गगनचुम्बी ऊंचाईयां
छुई है।

परिस्थितियों की ठोकरों को
हमने कभी अनुभव के रूप में
लिया नहीं,
छुपाई है गलतियां,
कभी उन्हें सुधारने का प्रयास
किया ही नहीं।
यही है वो व्यर्थ क्रियाएं
जिन पर लगा सम्पूर्ण जीवन
कुछ अब बचा नहीं,
पूछो स्वयं से अब

क्यों हम भटक रहे व उन ऊंचाईयों
को छुआ नहीं।

यथार्थ को हृदय से
स्वीकार करने की इच्छा
ही नहीं है,
कुछ का तो
यह है कहना छोड़ो यह गलती
ही नहीं है।
यह समस्या
जो हमारे समक्ष उभर आई है
कोई बड़ी बात नहीं है,
वास्तव में हम
स्वयं के व्यवहार व गम्भीर परिणामों को
पहचानते नहीं हैं।

गलतियों से सीखें हम
अगर तो यह भव्य, विशाल व
मजबूत कर जायेगी,
कभी न छुपाएं गलतियां
सिर्फ स्वीकार करने से ही
बात बन पाएगी।
तभी हमारे व समस्या के भीतर
एक मजबूत सामंजस्य की
बुनियाद बन पायेगी,
गलतियां हैं एक सबक
निकलो अतीत से व बढ़ो आगे,
सफलता अवश्य मिल जाएगी।

आस्था एक शक्ति

जब छोड़ देंगे हम

एक अंतिम यात्रा
देखी तो ध्यान गया तुरन्त
इस बात को,
इस संसार में
जब छोड़ देंगे हम एक-दूसरे
के साथ को।
हीरे जैसा पाकर
अनमोल जन्म गंवा दिया क्यों
हर श्वास को,
नेकियां व स्नेह
कर दिया कम इकट्ठा किया
सिर्फ पाप को।
सोचो लोग हमें
कैसी छवि के साथ याद
किया करेंगे,
सच्चा मित्र, नेक,
अच्छा इंसान, हंसमुख व प्रेरक
आखिर क्या कहेंगे।
आज से हम
उसी दिशा में अपना हर व्यवहार व कर्म करेंगे,
हम सभी एक
सकारात्मक रूप में याद किया जाना
बहुत पसन्द करेंगे।

क्या मेरे प्रियजन व शुभचिन्तक
मुझे याद करके
अपनी आंखें नम करेंगे,
क्या मेरे मित्र
मुझे स्नेह व गर्व के साथ
याद किया करेंगे।
हीरे-मोती करके
अलग कब तक कंकड़ व पत्थर
हम भरते रहेंगे,
कब तक विकारों
में भटकते हुए सत्य का दम
हम घोटते रहेंगे।
अब आया मुझे
यह समझ कि किस दिशा की ओर
जाना चाहिए,
कौन से है वो जीवन- मूल्य जिनकी बुनियाद पर
जीवन जीना चाहिए।
दूसरों के दु:ख व दर्द का मरहम बन जाए,
मुस्कराओ, हंसना-हंसाना चाहिए,
इस संसार में प्रेम व स्नेह के साथ सभी को
हृदय से लगाना चाहिए।

लेखक की आगामी रचनाएं :-
- रहो सदैव ऊर्जावान
- हंसो मेरे संग

चलते-चलते

इस पुस्तक के कार्य को पूर्ण करने में ईश्वर की अपार कृपा, प्रेम, स्नेह व आशीष शामिल है। जिन्होंने हर कठिन परिस्थितियों में मुझे सही मार्ग दिखाया और मेरे कई अपनों, मित्रों, साथियों, प्रियजनों, शुभचिंतकों का प्रेम, स्नेह व आशीष शामिल है। मैं अपने आदरणीय माता-पिता, भाई-बहनों, पत्नी व बच्चों का शुक्रिया अदा करता हूं। इस कार्य को पूरा करने में इनके विश्वास व प्रेम ने मुझे प्रेरणा दी है।

इस पुस्तक में शामिल हीरो परिवार के प्रेरणादायक सहयोग के लिए शुक्रिया अदा करता हूं। फ्रेम असैम्बली परिवार जिन्होंने वर्षों मुझे सुना व सहन किया और एक निर्णायकगण की तरह मेरा मार्गदर्शन किया, इन सबका मैं आभार प्रकट करता हूं। मैं उन सभी का भी आभारी हूं जिन्होंने इस पुस्तक के लिए जाने-अनजाने रूप में योगदान दिया और मेरे सहयोगी बनें।

पुस्तकें और वैसे तो पवन के झोंके, सूर्य का प्रकाश, चांद, सितारे, धरती, आसमान, नदियों व झरने का शीतल जल, बर्फीले पहाड़, वर्षा, पेड़-पौधे, फूल-फल, पशु-पंछी इत्यादि प्रकृति की हर चीज मुझे प्रेरणा देती है। लेकिन एक नजर मेरे कुछ सकारात्मक मित्रों को देखें..........

- स्वदेश कुमार (इंजन, हीरोमोटोकार्प) मेरे आध्यात्मिक प्रेरक, सहायक, सहयोगी।
- मनमोहन (हिमाचल) आध्यात्मिक प्रेरक।
- पुष्पेन्दर (फ्रेम, हीरोमोटोकार्प) मेरे आध्यात्मिक प्रेरक, सहायक, सहयोगी।
- कृपाल सिंह (हिमाचल) आध्यात्मिक प्रेरक।
- विपिन कुमार (फ्रेम, हीरोमोटोकार्प) सकारात्मक प्रेरक, सहायक, सहयोगी।
- राम (हिमाचल) आध्यात्मिक प्रेरक।

- प्रकाश (हिमाचल) आध्यात्मिक प्रेरक।
- विपिन कुमार (फ्रेम, हीरोमोटोकार्प) मेरे आध्यात्मिक प्रेरक।

प्रिय दोस्त मेरा नाराज है,

मिलकर सब मनाओ यारों।

मेरे हृदय में का प्रेम व स्नेह,

उसके हृदय में पहुंचाओ यारों।

दिल से दूर नहीं बस अपनी,

समस्याओं में उलझ जाता हूं।

अवज्ञा की दो मुझे क्षमादान,

दोस्त, तुझे खोना नहीं चाहता हूं।

अब तो मेरी इस हालत पर,

कुछ तो रहम खाओ यारों।

प्रिय दोस्त मेरा नाराज है,

मिलकर सब मनाओ यारों।

सफल, सुखद व समृद्धि रहे,

ऐसी ही मेरी हर इच्छा है।

खुश, हंसता व आनन्दित रहे,

सिर्फ इतनी ही मेरी हर दुआ है।

मेरे हृदय में भरा कुछ संकोच है,

तुम ही मुझे गले से लगाओ यारों।

प्रिय दोस्त मेरा नाराज है,

मिलकर सब मनाओ यारों।

- हरी सिंह (फ्रेम, हीरोमोटोकार्प) सकारात्मक प्रेरक।
- प्रेम (हिमाचल) आध्यात्मिक प्रेरक।
- भगवान दत्त (वैल्ड, हीरोमोटोकार्प) खुशदिल, हंसमुख, हास्य कलाकार।
- ईश्वर (हिमाचल) आध्यात्मिक प्रेरक।
- तेन्जिन नवांग (फ्रेम, हीरोमोटोकार्प) सहायक, सहयोगी।
- आनंद (हिमाचल) सकारात्मक प्रेरक।
- कुशाल सिंह (फ्रेम, हीरोमोटोकार्प) खुशदिल, हंसमुख, गायक कलाकार।
- ज्ञान (हिमाचल) सकारात्मक प्रेरक।
- दिलेराम (वैल्ड, हीरोमोटोकार्प) खुशदिल, हंसमुख, हास्य कलाकार।
- सन्नी (मुम्बई) सकारात्मक प्रेरक।

- जोगिन्दर सिंह (मैन्टिनस, हीरोमोटोकार्प) गोल्ड मैडलिस्ट, सभ्य इंसान।
- दुर्गादास (प्रैसशाप, हीरोमोटोकार्प) सभ्य व शिष्ट व्यक्तित्व।
- दिव्यांशु (हिमाचल) आध्यात्मिक प्रेरक।
- राजेन्द्र कुमार (फ्रेम, हीरोमोटोकार्प) आध्यात्मिक प्रेरक।
- ठाकुर (हिमाचल) आध्यात्मिक प्रेरक।
- करन (हिमाचल) आध्यात्मिक प्रेरक।
- दयाराम (हिमाचल) आध्यात्मिक प्रेरक।
- मोहर सिंह (फ्रेम, हीरोमोटोकार्प) सहायक, सहयोगी।
- सुखदेव (हिमाचल) सकारात्मक प्रेरक, सहायक।
- विजू (फ्रेम, हीरोमोटोकार्प) गोल्ड मैडलिस्ट, सभ्य इंसान।
- कीर्तन (हिमाचल) सकारात्मक प्रेरक, सहयोगी।
- सतपाल जी (फ्रेम, हीरोमोटोकार्प) सकारात्मक प्रेरक।
- अर्जुन (हिमाचल) सकारात्मक प्रेरक, दृढ़ संकल्पी।
- प्रमोद कुमार (फ्रेम, हीरोमोटोकार्प) सहायक, सहयोगी।
- कृष्ण (हिमाचल) सकारात्मक प्रेरक।
- सुखविन्दर पठानियां (फ्रेम, हीरोमोटोकार्प) आध्यात्मिक प्रेरक।
- अभिमन्यु (हिमाचल) सकारात्मक प्रेरक, स्नेही व्यक्तित्व।
- चन्द्रशेखर (फ्रेम, हीरोमोटोकार्प) सकारात्मक प्रेरक।
- दीपक (हिमाचल) सकारात्मक प्रेरक।
- बालकृष्ण (फ्रेम, हीरोमोटोकार्प) सहायक, सहयोगी, दृढ़ संकल्पी, प्रेरक।
- परमजीत (हिमाचल) सकारात्मक प्रेरक।
- रामगोपाल (फ्रेम, हीरोमोटोकार्प) खुशदिल इंसान।
- विजय (हिमाचल) स्नेही व्यक्तित्व, दृढ़ संकल्पी।
- पवन (फाइनल इंस्पेक्शन, हीरोमोटोकार्प) सहायक, सहयोगी।
- जीवन (हिमाचल) दृढ़ संघर्षी, दृढ़ संकल्पी।
- कालू सिंह (फ्रेम, हीरोमोटोकार्प) सकारात्मक प्रेरक।
- सचिन (हिमाचल) सकारात्मक प्रेरक, गायक कलाकार।
- बलबन्त (फ्रेम, हीरोमोटोकार्प) सहायक, सहयोगी।
- विष्णु (हिमाचल) आध्यात्मिक प्रेरक, सहायक।
- टीकाराम (पेन्ट, हीरोमोटोकार्प) कलाकार, सभ्य इंसान।

- इन्द्रजीत (हिमाचल) सकारात्मक प्रेरक, सहायक।
- नीमत राम (फ्रेम, हीरोमोटोकार्प) प्रेरक, सहायक, सहयोगी।
- शिवराम (हिमाचल) दृढ़ संकल्पी, सभ्य इंसान।
- भजनलाल (हिमाचल) आध्यात्मिक प्रेरक।
- रविन्दर (फ्रेम, हीरोमोटोकार्प) चित्रकलाकार, सभ्य व्यक्ति।

सभी के नाम लिख पाना कठिन हो चला है। ऐसे 37 हजार से अधिक मेरे आदरणीय व प्रिय मित्र, साथी, शुभचिंतक व बुजुर्ग है जिनके पांच करोड़ से अधिक शुभ गुणों की सूची स्वयं को प्रेरणा से भरने के लिए बनाई है। इनके सभी गुण मुझे सकारात्मक प्रेरणा से सदैव ऊर्जावान रखते हैं। इनका मित्र, साथी होना मेरे लिए प्रसन्नता व गर्व की बात है। मैं हृदय से इन सब का आभारी हूं। मैं सर्वव्यापी ईश्वर इनके अच्छे स्वास्थ्य, सफलता, सुख व समृद्धि की प्रार्थना करता हूं। ईश्वर मेरे सारे मित्रों व साथियों के जीवन में सदैव खुशी, हंसी, आनंद व्याप्त रखे।

—राजकुमार

∎∎∎

व्यक्तित्व विकास

अच्छा इंसान सफल विजेता कैसे बनें
शशिकांत सदैव

डेल कारनेगी
लोक व्यवहार
प्रभावशाली व्यक्तित्व की कला

टॉपर्स के टॉप टिप्स
जे पी एस जौली

डेल कारनेगी
चिंता छोड़ो सुख से जियो

कहानियाँ जो जीना सिखाएं
जे पी एस. जौली

कहानियाँ जो राह दिखाएं
सुख, समृद्धि और सफलता की पारसमणि
जे पी एस जौली

मैनेजमेंट एवं कॉरपोरेट गुरु चाणक्य

डॉ. उज्जवल पाटनी
सफल वक्ता सफल व्यक्ति

सफलता पाने की 8 शक्तियां
शिशिर श्रीवास्तव

सफलता की नई तकनीक

टाइम मैनेजमेंट

आप और आपका व्यवहार
No.1
सूर्या सिन्हा

सोच बदलो सफलता पाओ

क्या है नेटवर्क मार्केटिंग जानिए
सूर्या सिन्हा

जीत लो ख्वाबों को

हार के बाद ही जीत है